JN436381

Everyday Korean Beginner 1

제2판

날마다 한국어
초급 1

손현미 · 김남정

박영사

머리말

Preface

〈날마다 한국어 초급 1〉은 한국어 학습 경험이 전혀 없거나 1~2개월 정도의 학습 경험이 있는 외국인 학부생 및 대학원생을 대상으로 하여 말하기/듣기/읽기/쓰기 기능을 연계한 통합형 한국어 교재입니다. 이 책은 대학교의 한 학기 일정을 고려한 맞춤형 교재로 한글부터 일상생활에 필요한 어휘, 표현, 문법 등을 익혀 기초적인 의사소통을 실현하는 것을 목표로 두고 있습니다.

이 책의 특징은 다음과 같습니다.

첫째, 국제 통용 한국어 표준 교육과정에 따라 어휘와 문법을 선정하여 내용을 구성했습니다.

둘째, 대학교에서 한 학기용 교재로 사용하기에 적합합니다. 일반적인 학부 및 대학원 수업 시간(15주, 30시간 혹은 45시간)에 맞추어 교재 내용을 구성했습니다.

셋째, 교재에서 배운 것을 강의실 밖에서 바로 사용할 수 있습니다. 책에서만 사용하는 표현이 아니라 학생들이 실생활에서 접할 수 있는 장소인 학교, 편의점, 식당, 커피숍 등에서 직접 대화할 수 있는 학습 내용을 구성했습니다.

넷째, 외국어를 구사할 때 거치는 인지 과정을 구현한 학습 활동이 가능합니다. 외국인 학습자가 한국어로 발화할 때는 먼저 모국어로 생각한 후 한국어로 변환하는 인지 과정을 거칩니다. 이 점을 반영하여 영어 대화문을 보고 한국어로 변환하는 학습 활동인 '너랑 나랑 Talk Talk'을 마련했습니다. 이 활동은 교수자의 재량에 따라 말하기나 쓰기 활동으로 활용할 수 있습니다.

다섯째, 한국어와 영어를 병기하여 학습자와 교수자의 편의성을 높였습니다. 국제 공용어인 영어를 사용하여 교재의 모든 내용을 설명함으로써 학습자는 보다 쉽게 이해할 수 있고, 교수자는 소통이 어려운 초급 학습자를 수월하게 가르칠 수 있는 보조수단으로 사용할 수 있습니다.

여섯째, 한국어 교육 현장 경험이 풍부한 전문가가 쓴 교재입니다. 저자는 대학교 부속 한국어 교육기관 및 학부, 대학원 교육 경력이 15년 이상으로 한국어 교육 현장에서 필요한 것이 무엇인지 잘 이해하고 있습니다. 이를 바탕으로 교수자와 다양한 국적의 학습자 요구에 맞춘 교재를 집필했습니다.

〈날마다 한국어 초급 1〉이 나올 수 있도록 응원하여 주신 부모님과 시작부터 지금까지 걸음걸음 인도하여 주신 하나님께 감사드립니다. 그리고 이 책을 출판할 수 있는 좋은 기회를 주시고, 꼼꼼하게 편집하여 완성도를 높여 주신 도서출판 박영사 관계자 여러분께도 감사의 마음을 전합니다.

일러두기

How to use this textbook

〈날마다 한국어 초급 1〉은 총 7단원으로 구성되어 있습니다. 1단원은 한글의 자음과 모음, 인사말 및 표현을 익히는 기초 단원이며 3개 과로 이루어져 있습니다. 한국어 학습은 2단원부터 시작되며 각 단원은 하나의 주제를 중심으로 2개 과로 이루어져 있습니다. 각 과는 '어휘, 문법 1·2, 말하기'로 구성되어 있으며, 각 단원의 마지막에는 '듣기, 읽기, 쓰기, 너랑 나랑 Talk Talk, 어휘 확인'을 두어 해당 단원의 학습 내용을 정리할 수 있도록 했습니다.

각 단원은 다음과 같이 구성되어 있습니다.

단원 Unit	
1과 First chapter	2과 Second chapter
어휘 Vocabulary 문법 1 Grammar 1 문법 2 Grammar 2 말하기 Speaking	어휘 Vocabulary 문법 1 Grammar 1 문법 2 Grammar 2 말하기 Speaking
듣기 Listening	
읽기 Reading	
쓰기 Writing	
너랑 나랑 Talk Talk	
어휘 확인 Vocabulary check	

어휘 Vocabulary

- 어휘 1에서는 주제와 관련된 어휘를 쉽게 익힐 수 있도록 그림으로 제시했습니다.
- 어휘 2에서는 간단한 질문 형식을 통해 실제 대화 상황에서 어휘 사용이 가능하도록 했습니다. 〈하나 더 Extra tips〉에서는 간단한 설명을 통해 학습에 필요한 팁을 제시했습니다.

문법 Grammar

문법의 의미를 명확하게 이해할 수 있도록 설명을 제시했습니다.

그림과 함께 짧은 대화문을 제시하여 실제 대화 상황에서 문법을 어떻게 사용하는지를 보여줍니다.

- 연습 1에서는 문법의 형태적인 변화를 알 수 있도록 간단한 활동을 제시했습니다.
- 연습 2에서는 문법을 사용하여 유의미한 연습을 할 수 있는 말하기 활동을 제시했습니다.

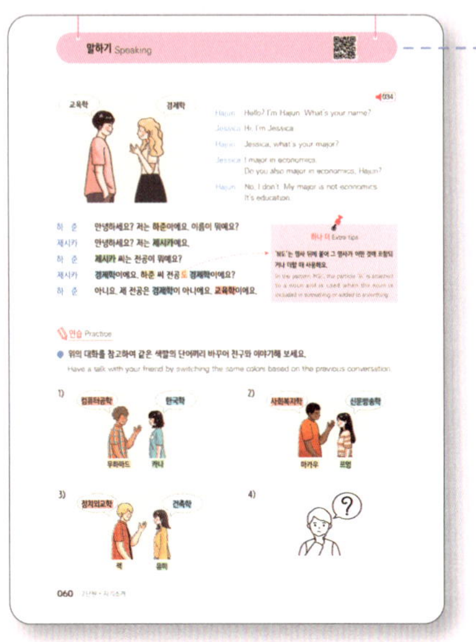

말하기 Speaking

대화와 관련된 그림과 함께 해당 과에서 다루는 어휘, 문법을 활용하여 실제 대화 상황에서 사용 가능한 대화문을 제시했습니다.

- 연습에서는 어휘 교체 활동을 통해 다양한 상황에서의 대화가 가능하도록 제시했습니다.

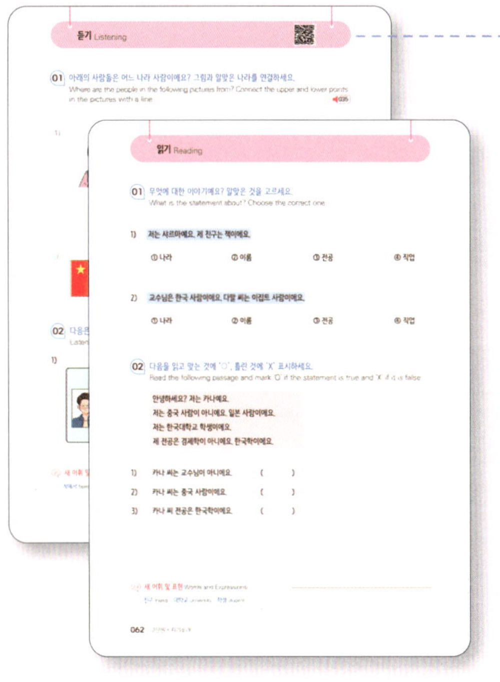

듣기 Listening / 읽기 Reading

- 듣기 1은 간단한 대화 상황에서 질문에 대한 적절한 대답을 찾는 문제로 구성했습니다.
- 듣기 2는 듣기 1보다 긴 대화문으로 구성하여 대화의 주제 및 세부 내용을 이해했는지 확인하는 문제로 구성했습니다.
- 읽기도 듣기와 동일한 형식으로 난이도에 따라 읽기 1에서는 간단한 읽기 활동을, 읽기 2에서는 읽기 1보다 긴 텍스트를 제시하여 답을 찾는 문제로 구성했습니다.

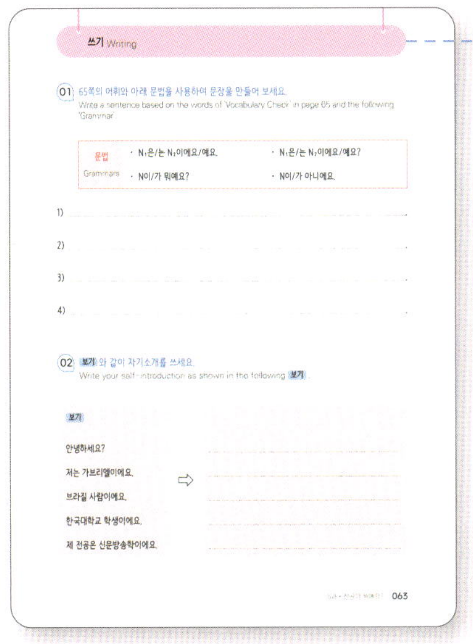

쓰기 Writing

01 65쪽의 어휘와 아래 문법을 사용하여 문장을 만들어 보세요.
Write a sentence based on the words of 'Vocabulary Check' in page 65 and the following 'Grammar'.

문법 Grammars	· N_1은/는 N_2이에요/예요.	· N_1은/는 N_2이에요/예요?
	· N이/가 뭐예요?	· N이/가 아니에요.

1)
2)
3)
4)

02 보기 와 같이 자기소개를 쓰세요.
Write your self-introduction as shown in the following 보기.

보기

안녕하세요?
저는 가브리엘이에요.
브라질 사람이에요.
한국대학교 학생이에요.
제 전공은 신문방송학이에요.

063

쓰기 Writing

- 쓰기 1에서는 해당 단원에서 학습한 문법과 어휘를 사용하여 다양한 문장을 만드는 연습을 제시했습니다.
- 쓰기 2에서는 단원의 주제에 맞는 짧은 글을 보고 학습자가 따라 쓸 수 있도록 제시하였습니다.

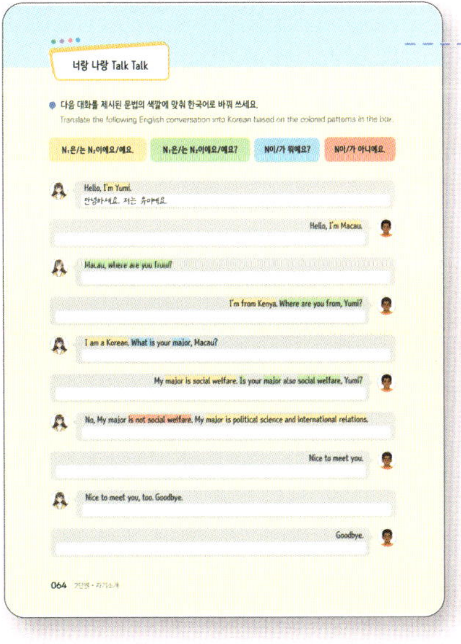

너랑 나랑 Talk Talk

다음 대화를 제시된 문법의 색깔에 맞춰 한국어로 바꿔 쓰세요.
Translate the following English conversation into Korean based on the colored patterns in the box.

N_1은/는 N_2이에요/예요. | N_1은/는 N_2이에요/예요? | N이/가 뭐예요? | N이/가 아니에요.

Hello, I'm Yumi.
안녕하세요. 저는 유미예요.
Hello, I'm Macau.
Macau, where are you from?
I'm from Kenya. Where are you from, Yumi?
I am a Korean. What is your major, Macau?
My major is social welfare. Is your major also social welfare, Yumi?
No, My major is not social welfare. My major is political science and international relations.
Nice to meet you.
Nice to meet you, too. Goodbye.
Goodbye.

064

너랑 나랑 Talk Talk

말하기에서 배운 내용을 재구성하여 영어 대화문으로 제시하고, 학습자가 이를 한국어로 바꾸도록 했습니다. 이를 통해 앞에서 배운 어휘, 문법, 표현을 재확인할 수 있고, 실제 대화 상황에서처럼 즉각적으로 문장을 만들 수 있도록 구성했습니다.

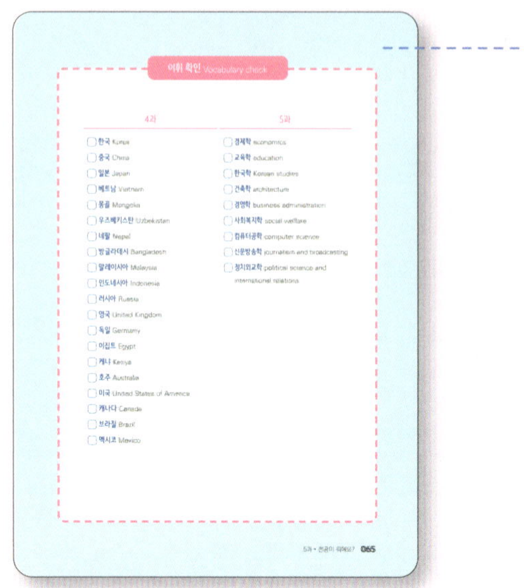

어휘 확인 Vocabulary check

각 단원의 주제 어휘를 제시하여 학습자가 스스로 점검해 보도록 했습니다.

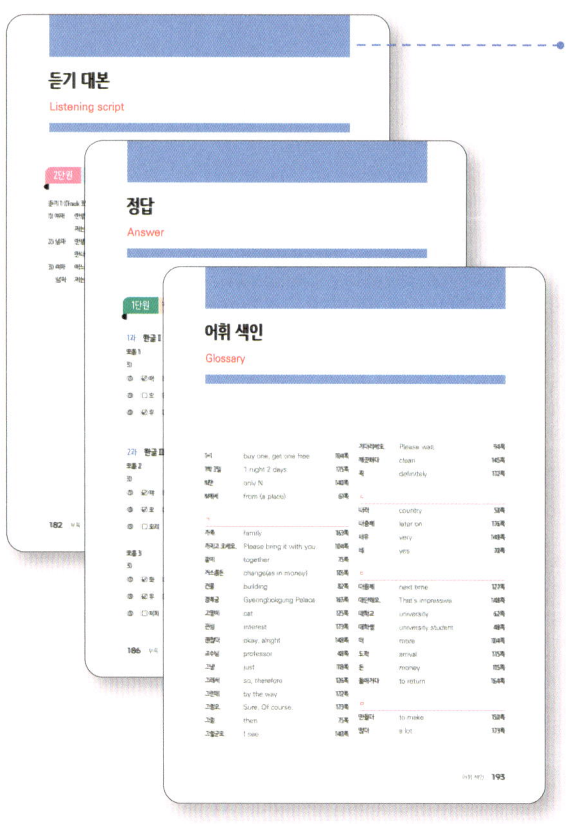

부록 Appendix

듣기 대본, 정답, 어휘 색인을 제공하여 학습자가 해당 단원의 내용을 확인할 수 있도록 했습니다. 어휘 색인은 '새 어휘 및 표현'에서 제시한 것만 목록화했습니다.

차례
Contents

교재 구성표 Scope and sequence

단원 Unit	과 Chapter	제목 Title	어휘 Vocabulary	문법1 Grammar 1	문법2 Grammar 2
1 한글 Hangeul	1	한글 I Hangeul I	한글 소개, 모음 1, 자음 1 Introduction to Hangeul, Vowel 1, Consonant 1		
	2	한글 II Hangeul II	모음 2, 자음 2, 모음 3, 음절 구조, 받침 1 Vowel 2, Consonant 2, Vowel 3, Syllable structure, Final consonant 1		
	3	한글 III Hangeul III	받침 2, 한글 쓰기, 발음, 인사말/표현 Final consonant 2, Writing Hangeul, Pronunciation, Greetings and useful expressions		
2 자기소개 Self-introduction	4	저는 한국 사람이에요. I am a Korean.	국적 Nationality	N_1은/는 N_2이에요/예요.	N_1은/는 N_2이에요/예요?
	5	전공이 뭐예요? What is your major?	전공 Major	N이/가 뭐예요?	N이/가 아니에요
3 위치 Location	6	도서관에 가요. I am going to the library.	학교 건물 School building	N에 가요/와요	여기/저기/거기
	7	학생 식당은 동아리방 옆에 있어요. The university cafeteria is next to the university club room.	위치 명사 Prepositions of place	N에 있어요	N이/가 있어요/없어요
4 주문 Ordering	8	비빔밥 한 개 주세요. Please give me a dish of Bibimbap.	한국 음식 Korean food	수1(한, 두, 세…) + 개	N 주세요.
	9	커피는 2,300원이에요. The coffee costs 2,300 won.	편의점 상품 Convenience store items	수2(일, 이, 삼…) + 원이에요	N_1하고 N_2

교재 구성표 Scope and sequence

말하기 Speaking	듣기 Listening	읽기 Reading	쓰기 Writing	너랑 나랑 Talk Talk
국적 묻고 대답하기 Asking and answering nationality 전공 묻고 대답하기 Asking and answering major	자기소개하는 대화 듣기 Listening to a conversation about self-introduction	자기소개하는 글 읽기 Reading a text about self-introduction	자기소개하는 글쓰기 Writing self-introduction	자기소개에 대한 대화 A conversation about self-introduction
학교 건물 묻고 대답하기 Asking and answering school buildings 위치 묻고 대답하기 Asking and answering locations	학교 건물 위치 묻는 대화 듣기 Listening to a conversation about school building locations	학교 건물 위치 소개하는 글 읽기 Reading a text about an introduction to school building locations	학교 건물 위치 설명하는 글쓰기 Writing school building locations	위치에 대한 대화 A conversation about location
음식 주문하기 Ordering food 가격 묻기 Asking for prices	편의점에서 계산하는 대화 듣기 Listening to a conversation at the convenience store payment counter	식당 메뉴에 관한 글 읽기 Reading a text about restaurant menus	편의점 상품 소개하는 글쓰기 Writing convenience store items and prices	주문에 대한 대화 A conversation about ordering

교재 구성표 Scope and sequence

단원 Unit	과 Chapter	제목 Title	어휘 Vocabulary	문법1 Grammar 1	문법2 Grammar 2
5 일상생활 Daily Life	10	편의점에서 우유를 사요. I buy milk at the convenience store.	동사 Verbs	N을/를 V-아/어/해요	N에서 V-아/어/해요
	11	아르바이트가 힘들어요. Working a part-time job is hard.	형용사 Adjectives	A-아/어/해요	ㅂ 불규칙
6 학교생활 School Life	12	여름방학이 언제예요? When does the summer vacation start?	학사 일정 Academic calendar	N이/가 언제예요?	N에(시간)
	13	어제 시험을 쳤어요. I took an exam yesterday.	시험 Exam	V/A-았/었/했어요	안 V/A
7 계획 Plans	14	방학에 여행할 거예요. I'm going to travel during the vacation.	방학 활동 Vacation activities	V-(으)ㄹ 거예요(계획)	V-고 싶어요
	15	제주도에 가고 싶지만 좀 비싸요. I want to go to Jeju Island, but it's a little expensive.	여행지 Tourist sites	V/A-지만	V/A-고(나열)

교재 구성표 Scope and sequence

말하기 Speaking	듣기 Listening	읽기 Reading	쓰기 Writing	너랑 나랑 Talk Talk
일상생활 묻고 대답하기 Asking and answering about daily life 한국 생활 묻고 대답하기 Asking and answering about life in Korea	일상생활에 관한 대화 듣기 Listening to a conversation about daily life	일상생활에 관한 글 읽기 Reading a text about daily life	일상생활에 관한 글쓰기 Writing daily life	일상생활에 대한 대화 A conversation about daily life
학사 일정 묻고 대답하기 Asking and answering about academic calendar 시험 결과 묻고 대답하기 Asking and answering about exam results	학사 일정 묻는 대화 듣기 Listening to a conversation about academic calendar	성적에 관한 글 읽기 Reading a text about academic results	학사 일정에 관한 글쓰기 Writing academic calendar	학교 생활에 대한 대화 A conversation about school life
방힉 계획 묻고 대답하기 Asking and answering about vacation plans 여행 계획 묻고 대답하기 Asking and answering about travel plans	방학 계획 묻는 대화 듣기 Listening to a conversation about vacation plans	여행 계획에 관한 글 읽기 Reading a text about travel plans	여행 계획에 관한 글쓰기 Writing travel plans	계획에 대한 대화 A conversation about plans

등장인물
Characters
무하마드 Muhammad
우즈베키스탄
제시카 Jessica
영국
잭 Jack
미국
가브리엘 Gabriel
브라질
카나 Kana
일본
하오란 Haolan
중국
샤르마 Sharma
네팔

마카우 Macau
케냐
다말 Damal
이집트
프엉 Phuong
베트남
김유미 Kim Yumi
한국
이하준 Lee Hajun
한국

1단원

UNIT 1

나랏말ᄊᆞ이
듕귁에 달아
문ᄍᆞ와로 서르
ᄉᆞᄆᆞᆺ디 아니ᄒᆞᆯᄊᆡ

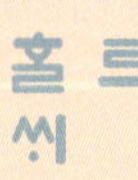

이런 젼ᄎᆞ로
어린 ᄇᆡᆨ셩이
니르고져
ᄒᆞᇙ배 이셔

한글
Hangeul

1 과
Chapter 1

한글 Ⅰ
Hangeul Ⅰ

한글 소개 Introduction to Hangeul

모음 1 Vowel 1

자음 1 Consonant 1

나랏말ᄊᆞ이
듕귁에달아
문ᄍᆞ와로서르
ᄉᆞᄆᆞᆺ디아니홀ᄊᆡ
이런젼ᄎᆞ로
어린ᄇᆡᆨ셩이
니르고져
홇배이셔

한글은 1443년에 조선 왕조 제4대 왕인 세종대왕이 창제한 한국어의 문자체계예요. 한글이 창제되기 전에 한국어는 중국 문자를 사용하여 소리를 표현했었는데, 이는 일반 백성들에게는 배우기 어려웠고 일상생활에서도 불편함이 많았어요. 이러한 문제를 해결하기 위해 세종대왕은 '백성을 가르치는 바른 소리'라는 의미의 '훈민정음'을 창제했고, 20세기 이후에 '한글'로 불리게 되었어요. 한국에서는 10월 9일을 한글날로 지정하여 한글의 창제와 반포를 기념하고 있어요.

Hangeul is the Korean writing system created by King Sejong the Great, the fourth monarch of the Joseon Dynasty, in 1443. Before the invention of Hangeul, Chinese characters were used to represent the sounds of the Korean language, which was difficult for the common people to learn, and which caused inconvenience in their daily lives. To settle down the problems, King Sejong created 'Hunminjeongeum', whlch means 'the correct sounds for the instruction of the people', and which later came to be known as 'Hangeul' in the 20th century. In Korea, October 9th is designated as Hangeul Day to commemorate the creation and proclamation of Hangeul.

한글은 자음과 모음으로 이루어진 음절 기반의 문자체계예요. 각 음절은 자음과 모음의 조합으로 이루어져 있고, 이를 조합하여 다양한 단어나 문장을 만들 수 있어요. 한글은 19개의 자음과 21개의 모음만으로도 한국어의 다양한 소리를 표현할 수 있는 매우 과학적인 언어라고 할 수 있어요.

Hangeul, the Korean alphabet, is a syllable-based character system composed of consonants and vowels. Each syllable is formed by combining consonants and vowels and used to allow people to create various Korean words and sentences. Hangeul expresses a variety of Korean sounds with just 19 consonants and 21 vowels. and so it can be the most scientific system of writing.

01 한글의 제자 원리 The Principle of Hangeul Creation

① 모음 Vowels of Hangeul

한국어의 모음은 둥근 하늘(·), 평평한 땅(_), 서 있는 사람(ㅣ)의 모양을 본떠 만들었고, 3개의 기본자(·, _, ㅣ)를 바탕으로 모음 글자를 만들어요.

The Korean vowels were designed by the shapes of the round sky (•), the flat land (__), and a standing person (ㅣ), and the other Korean vowels were created by combining the three basic shapes (•, __, ㅣ).

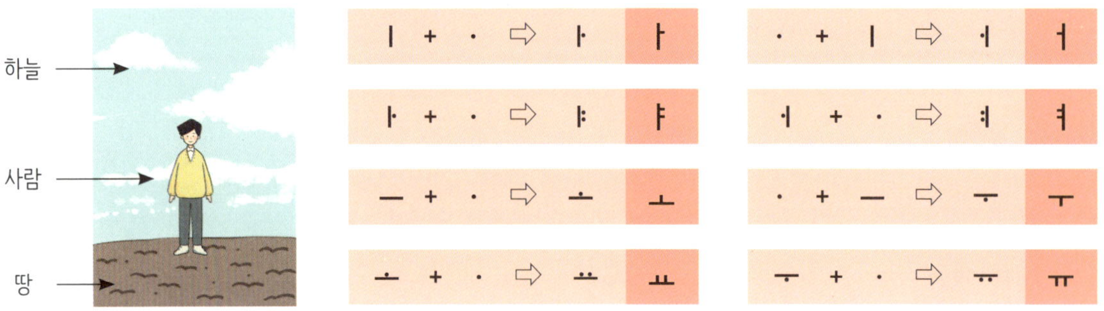

② 자음 Consonants of Hangeul

한국어의 자음은 발음 기관인 입술, 혀, 그리고 목구멍의 모양을 본떠 만들었고, 5개의 기본자(ㄱ, ㄴ, ㅁ, ㅅ, ㅇ)를 바탕으로 획을 추가하거나 두 개의 자음을 나란히 써서 자음 글자를 만들어요.

The Korean consonants were designed by the shapes of the articulatory organs: the lips, tongue, and throat. The five basic letters (ㄱ, ㄴ, ㅁ, ㅅ, ㅇ) were first created and then the other letters were made by adding strokes or writing two same consonants side by side.

기본자 Basic Letters

기본 글자에 획 추가 Adding strokes to the basic letters	기본 글자에 동일한 글자 추가 Writing two same basic consonants side by side
ㄱ → ㅋ	ㄱ + ㄱ → ㄲ
ㄴ → ㄷ → ㅌ ㄴ ↘ ㄹ	ㄷ + ㄷ → ㄸ
ㅁ → ㅂ → ㅍ	ㅂ + ㅂ → ㅃ
ㅅ → ㅈ → ㅊ	ㅅ + ㅅ → ㅆ
ㅇ → ㅎ	ㅈ + ㅈ → ㅉ

모음 Vowel 1

글자 Letter	아	어	오	우	으	이	에	애
음가 Phonetic symbol	[a]	[ə]	[o]	[u]	[ɨ]	[i]	[e]	[ɛ]

· 모음을 쓸 때, 'ㅇ'은 음가 없이 자리를 채우는 역할을 해요. 그래서 자음과 결합할 때 자음이 'ㅇ' 자리를 대체해요.

The letter 'ㅇ' in each vowel has a silent quality in an initial position of a syllable. It holds the position of consonant in a syllable that begins with a vowel sound. It has the nasal quality [ŋ] when it occurs in a final position of a syllable.

· '에'와 '애'는 표기할 때에는 구분하여 쓰지만, 말할 때에는 모두 [에]로 발음해요.

The vowels 'ㅔ' and 'ㅐ' are the same sound [e], but with different spelling.

1) 읽고 써 보세요. Read and write the following.

아	어	오	우	으	이	에	애

2) 듣고 따라 읽으세요. Listen to the following words and repeat them. 001

오	이	아이	오이	에이

3) 잘 듣고 맞는 것을 고르세요. Listen carefully and choose the correct answer. 002

① □ 아 □ 어

② □ 오 □ 으

③ □ 으 □ 이

④ □ 어 □ 오

⑤ □ 우 □ 오

⑥ □ 아 □ 애

자음 Consonant 1

글자 Letter	ㄱ	ㄴ	ㄷ	ㄹ	ㅁ	ㅂ	ㅅ	ㅇ	ㅈ	ㅎ
음가 Phonetic symbol	[k/g]	[n]	[t/d]	[r/l]	[m]	[p/b]	[s]	[ŋ]	[ʧ/j]	[h]

· 모음은 홀로 소리를 낼 수 있지만 자음은 홀로 소리를 낼 수 없어요. 그래서 자음은 항상 모음과 같이 써야 해요.

Korean vowels can be pronounced by themselves. But a Korean consonant cannot be pronounced by itself, and so you need to combine at least one Korean consonant and one Korean vowel together always.

· 자음 'ㄱ'은 뒤에 'ㅏ, ㅓ, ㅣ, ㅔ, …' 등의 수직 모음이 올 때는 세로획을 길게 쓰고, 'ㅗ, ㅜ, ㅡ, ㅜ, …' 등의 수평 모음이 올 때는 세로획을 짧게 써요.

The consonant 'ㄱ' is written with a longer vertical stroke when followed by the vertical vowels 'ㅏ', 'ㅓ', 'ㅣ', 'ㅔ', and so on, and with a shorter vertical stroke when followed by the horizontal vowels 'ㅗ', 'ㅜ', 'ㅡ', 'ㅜ', and so on.

ㄱ + ㅏ → 가　　　　ㄱ + ㅗ → 고

1) 자음을 읽고 써 보세요. Read and write the following syllables.

ㄱ	ㄴ	ㄷ	ㄹ	ㅁ	ㅂ	ㅅ	ㅇ	ㅈ	ㅎ

2) 자음과 모음을 함께 읽고 써 보세요. Read and write the following syllables.

가	나	다	라	마	바	사	아	자	하

3) 듣고 따라 읽으세요. Listen to the following words and repeat them. 003

4) 잘 듣고 맞는 것을 고르세요. Listen carefully and choose the correct answer. 004

① □ 가 □ 다 ② □ 래 □ 내

③ □ 노 □ 도 ④ □ 부 □ 구

⑤ □ 으 □ 흐 ⑥ □ 사 □ 자

메모

2과

Chapter 2

한글 II

Hangeul II

- 모음 2 Vowel 2
- 자음 2 Consonant 2
- 모음 3 Vowel 3
- 음절 구조 Syllable structure
- 받침 1 Final consonant 1

모음 Vowel 2

글자 Letter	야	여	요	유	예	얘
음가 Phonetic symbol	[ya]	[yə]	[yo]	[yu]	[ye]	[yɛ]

· 자음 'ㅈ'이 모음 '야, 여, 요, 유, 예, 얘'와 결합하면 [자, 저, 조, 주, 제, 재]로 발음해요.

When the consonant 'ㅈ' is combined with the vowels 'ㅑ', 'ㅕ', 'ㅛ', 'ㅠ', 'ㅖ' and 'ㅒ', the syllables '쟈', '져', '죠', '쥬', '졔' and '쟤' are pronounced as the syllables [자], [저], [조], [주], [제] and [재], respectively.

· 자음 'ㄱ, ㅍ, ㅎ'이 모음 '예, 얘'와 결합하면 [게, 개, 페, 헤]로 발음해요.

When the consonants 'ㄱ', 'ㅍ' and 'ㅎ' is combined with the vowel 'ㅖ' or the 'ㅒ', the syllables '계', '걔', '폐' and '혜' are pronounced as [게], [개], [페] and [헤], respectively.

1) 읽고 써 보세요. Read and write the following syllables.

야	여	요	유	예	얘

2) 듣고 따라 읽으세요. Listen to the following and read along. 005

3) 잘 듣고 맞는 것을 고르세요. Listen carefully and choose the correct answer. 006

① □ 야 □ 여

② □ 애 □ 예

③ □ 요 □ 유

④ □ 여 □ 요

⑤ □ 요리 □ 유리

⑥ □ 여자 □ 유자

자음 Consonant 2

글자 Letter	ㅋ	ㅌ	ㅍ	ㅊ	ㄲ	ㄸ	ㅃ	ㅆ	ㅉ
음가 Phonetic symbol	[k^h]	[t^h]	[p^h]	[$ʧ^h$]	[k′]	[t′]	[p′]	[s′]	[ʧ′]

· 자음 발음은 공기를 내뿜는 정도에 따라 평음 'ㄱ, ㄷ, ㅂ, ㅅ, ㅈ', 경음 'ㄲ, ㄸ, ㅃ, ㅆ, ㅉ', 격음 'ㅋ, ㅌ, ㅍ, ㅊ'으로 구분할 수 있어요. 공기를 가장 강하게 내뿜는 소리는 격음이고, 그 다음은 평음이며, 경음이 가장 약하게 공기를 내뿜어요.

There are three different types of Korean consonants: plain, tense, and aspirated consonants. They are labeled into different groups according to their Korean pronunciation. First, the plain consonants 'ㄱ', 'ㄷ', 'ㅂ', 'ㅅ' and 'ㅈ' are pronounced without any aspiration; no burst of air is required to pronounce each plain consonant letter. Second, the tense consonants 'ㄲ', 'ㄸ', 'ㅃ', 'ㅆ', and 'ㅉ' have pronunciations harder than the basic consonants but not as strong as the aspirated consonants. Finally, unlike the basic consonants, the aspirated sounds 'ㅋ', 'ㅌ', 'ㅍ' and 'ㅊ' require a burst of air, or aspiration, in their pronunciation; that is why their romanization sometimes comes with the [h] sound.

1) 자음을 읽고 써 보세요. Read and write the following syllables.

ㅋ	ㅌ	ㅍ	ㅊ	ㄲ	ㄸ	ㅃ	ㅆ	ㅉ

2) 자음과 모음을 함께 읽고 써 보세요. Read and write the following syllables.

카	타	파	차	까	따	빠	싸	짜

3) 듣고 따라 읽으세요. Listen to the following words and repeat them. 007

4) 잘 듣고 맞는 것을 고르세요. Listen carefully and choose the correct answer. 008

① □ 고 □ 코

② □ 차 □ 짜

③ □ 따 □ 타

④ □ 토끼 □ 도끼

⑤ □ 포도 □ 보도

⑥ □ 카드 □ 카트

모음 Vowel 3

글자 Letter	와	워	왜	웨	외	위	의
음가 Phonetic symbol	[wa]	[wə]	[wɛ]	[we]	[ö/we]	[ü/wi]	[ɰi]

· '왜, 웨, 외'는 말할 때 모두 [웨]로 발음해요.
The three syllables '왜', '웨', and '외' are pronounced as the syllable [웨].

1) 읽고 써 보세요. Read and write the following.

와	워	왜	웨	외	위	의

2) 듣고 따라 읽으세요. Listen to the following words and repeat them.

009

사과	샤워	돼지	웨이터	뇌
가위	의자	회사	귀	의사

3) 잘 듣고 맞는 것을 고르세요. Listen carefully and choose the correct answer.

010

① □ 와 □ 왜

② □ 위 □ 외

③ □ 우 □ 위

④ □ 워 □ 의

⑤ □ 이치 □ 위치

⑥ □ 애국 □ 외국

음절 구조 Syllable Structure

1. 한국어는 기본적으로 '모음(Vowel), 모음+자음(Vowel+Consonant), 자음+모음(Consonant+Vowel), 자음+모음+자음(Consonant+Vowel+Consonant)'의 네 가지 음절 구조를 가지고 있어요.

The Korean language has the four syllable patterns: the vowel(V) pattern, the vowel-consonant(VC) pattern, the consonant-vowel(CV) pattern, and the consonant-vowel-consonant(CVC) pattern.

2. '모음+자음(V+C), 자음+모음+자음(C+V+C)' 형태의 음절에서 모음 다음에 오는 자음을 '받침'이라고 하며, 항상 아래에 써요. 자음과 모음은 보기 처럼 네모꼴 형태로 모아 써야 해요.

The 'final consonant' is the consonant which comes after the vowel and is always positioned below the vowel in the two syllable patterns, the vowel-consonant(VC) pattern and the consonant-vowel-consonant(CVC) pattern. Consonants and vowels should be written, not as a linear string as in English, but as cluster representing one syllable, as shown in the following example.

받침 Final Consonant 1

글자 Letter	ㄱ, ㅋ, ㄲ	ㄴ	ㄷ, ㅌ, ㅅ, ㅆ, ㅈ, ㅊ, ㅎ	ㄹ	ㅁ	ㅂ, ㅍ	ㅇ
음가 Phonetic symbol	[k̚]	[n]	[t̚]	[l]	[m]	[p̚]	[ŋ]

· 받침은 모음 아래에 오는 자음을 말해요. 'ㄸ, ㅃ, ㅉ'를 제외한 모든 자음은 받침으로 사용할 수 있지만, 발음은 [ㄱ, ㄴ, ㄷ, ㄹ, ㅁ, ㅂ, ㅇ]의 7개로 소리가 나요.

A consonant which is placed below a vowel in a syllable is called a 'final consonant.' The consonants except the three ones 'ㄸ', 'ㅃ' and 'ㅉ' are used as a final consonant and pronounced as the sounds [k̚], [n], [t̚], [l], [m], [p̚], or [ŋ].

1) 읽고 써 보세요. Read and write the following syllables.

책	돈	옷	말	삼	집	콩

2) 듣고 따라 읽으세요. Listen to the following words and repeat them. 011

[ㄱ]	책[책]	부엌[부억]	밖[박]
[ㄴ]	눈	손	신문
[ㄷ]	옷[옫]	낮[낟]	꽃[꼳]
[ㄹ]	물	발	연필
[ㅁ]	곰	엄마	침대
[ㅂ]	컵[컵]	숲[숩]	무릎[무릅]
[ㅇ]	공	빵	가방

3) 잘 듣고 맞는 것을 고르세요. Listen carefully and choose the correct answer. 012

① □ 삼 □ 산 □ 상
② □ 낫 □ 난 □ 낙
③ □ 밥 □ 밖 □ 방
④ □ 사전 □ 사정
⑤ □ 지갑 □ 지각
⑥ □ 가방 □ 가발

3 과

Chapter 3

한글 III

Hangeul Ⅲ

- 받침 2 Final consonant 2
- 한글 쓰기 Writing Hangeul
- 발음 Pronunciation
- 인사말/표현 Greetings and useful expressions

받침 Final Consonant 2

글자 letter	ㄳ	ㄵ	ㄶ	ㅄ	ㄼ	ㄽ	ㄾ	ㅀ	ㄺ	ㄻ	ㄼ	ㄿ
음가 phonetic symbol	[k̚]	[n]		[p̚]	[l]				[k̚]	[m]	[p̚]	

· 두 개의 연속된 자음으로 이루어진 받침을 '겹받침'이라고 해요. 겹받침은 두 개의 자음 중 하나만을 발음해요.

In Korean, the double final consonants refer to the two consonants appearing together at the bottom of the syllable and one of the double final consonants is pronounced with the syllable that it belongs to.

· 겹받침은 일반적으로 왼쪽에 있는 자음으로 발음하고, 겹자음 'ㄺ, ㄻ, ㄼ, ㄿ'만 오른쪽에 있는 자음으로 발음해요.

In general, the first consonant of the double final consonants is pronounced with the syllable that it belongs to. However, the second consonant of the double final consonants 'ㄺ', 'ㄻ', 'ㄼ' and 'ㄿ' is pronounced with the syllable that it belongs to.

1) 듣고 따라 읽으세요. Listen to the following words and repeat them. 013

왼쪽에 있는 자음으로 발음하는 단어 Words where the first consonant of the double final consonants is pronounced with the syllable that it belongs to	
[k̚]	넋[넉]
[n]	앉다[안따], 많다[만타]
[p̚]	값[갑]
[l]	여덟[여덜], 외곬[외골], 핥다[할따], 잃다[일타]

오른쪽에 있는 자음으로 발음하는 단어 Words where the second consonant of the double final consonants is pronounced with the syllable that it belongs to	
[k̚]	닭[닥]
[m]	삶[삼]
[p̚]	밟다[밥따], 읊다[읍따]

한글 쓰기 Writing Hangeul

1. 사람마다 고유의 글씨체가 있기 때문에 다양한 글자 모양을 볼 수 있어요. 한국어의 다양한 글씨체를 확인해 보세요.

Everyone has their own unique handwriting, so you can see various shapes of characters. Check out the diverse Korean fonts below.

한글	한국어	우리나라	훈민정음	세종대왕
한글	한국어	우리나라	훈민정음	세종대왕
한글	한국어	우리나라	훈민정음	세종대왕
한글	한국어	우리나라	훈민정음	세종대왕
한글	한국어	우리나라	훈민정음	세종대왕

위의 글씨체 중에 마음에 드는 글씨체를 골라 따라 써 보세요.
Choose a font you like from above and copy it.

발음 Pronunciation

025

감사합니다[감사함니다]

읽어 보세요. (Read the following words aloud.)

밥맛, 앞말, 밟는, 읊는, 없는

받침 'ㅂ(ㅍ, ㄼ, ㄿ, ㅄ)' 은 뒤에 'ㄴ, ㅁ'가 올 경우, [ㅁ] 으로 발음해요.

When the final consonants 'ㅂ', 'ㅍ', 'ㄼ', 'ㄿ' and 'ㅄ' are followed by the consonants 'ㄴ' and 'ㅁ', they are pronounced as [m].

026

좋아요[조아요]

읽어 보세요. (Read the following words aloud.)

놓아요, 쌓여요, 많아요, 끓어요

받침 'ㅎ(ㄶ, ㅀ)' 은 뒤에 모음이 올 경우, 발음을 안 해요.

When the final consonants 'ㅎ', 'ㄶ', and 'ㅀ' are followed by a vowel, they are not pronounced.

027

살아요[사라요]

읽어 보세요. (Read the following words aloud.)

옷이, 꽃을, 깎아, 있어

받침 뒤에 모음이 올 경우, 받침소리는 뒤 음절 첫소리로 옮겨서 발음해요.

When a final consonant is followed by a vowel, the sound of the final consonant is linked with the next vowel sound.

028

읽어요[일거요]

읽어 보세요. (Read the following words aloud.)

없어요, 앉아요, 삶아요, 낡았어요

겹받침 뒤에 모음이 올 경우, 첫 번째 받침은 해당 음절과 함께 읽고, 두 번째 받침은 뒤 음절 첫소리로 옮겨서 발음해요.

When a double final consonant is followed by a vowel, the sound of first consonant belongs to the first syllable. The sound of second final consonant is linked with the next vowel sound.

종합 연습 Comprehensive Practice Test

1. 잘 듣고 맞는 것을 고르세요. Listen and choose the correct answer. 014

① □ 오리 □ 우리 ② □ 나무 □ 너무

③ □ 거미 □ 개미 ④ □ 고리 □ 꼬리

⑤ □ 의자 □ 의사 ⑥ □ 사랑 □ 사람

2. 잘 듣고 맞는 것을 고르세요. Listen and choose the correct answer. 015

① □ 불 □ 풀 □ 뿔 ② □ 공 □ 콩 □ 꽁

③ □ 방 □ 팡 □ 빵 ④ □ 간 □ 깐 □ 칸

⑤ □ 달 □ 탈 □ 딸 ⑥ □ 살 □ 쌀 □ 잘

3. 다음과 같이 단어를 찾으세요. Choose the correct answers from the options given below, as shown in the word '의자'.

빵	의자	사랑	여름	부엌	딸기	가방

사	밑	머	아	니	레	의	무
랑	빗	가	돼	빠	신	자	딸
나	어	방	미	여	름	국	기
지	부	엌	문	부	몬	빵	모

4. **잘 듣고 쓰세요.** Listen and fill in the blanks. 

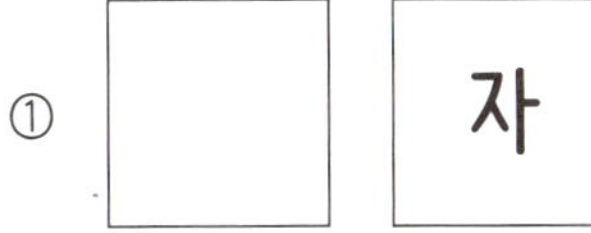

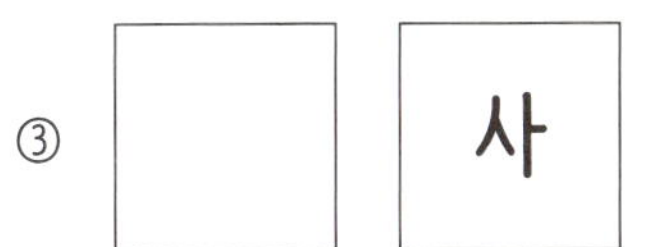

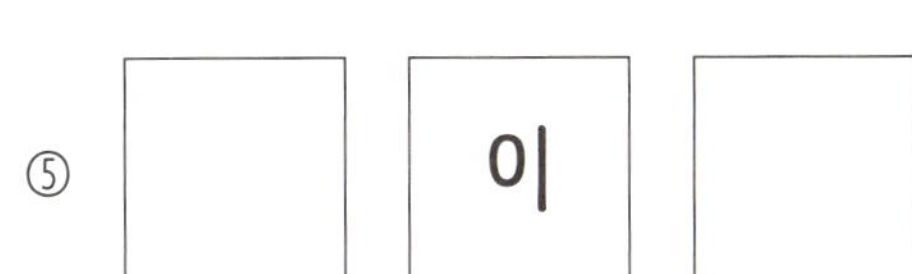

⑥ 아

5. **바르게 쓴 글자를 고르세요.** Choose the correct answer.

1) ① 오 ② ㅗ ③ ㅇㅗ

2) ① ㄷㅏㄹㄱ ② 닭 ③ 

3) ①  ② 약 ③ ㅇㅑㄱ

인사말 및 표현 Greetings and Useful Expressions

017

'안녕하세요?'는 안부를 전하거나 물을 때 사용하는 말로 한국어의 기본 인사말이에요. '안녕하다'는 몸과 마음이 편안하다는 뜻으로 상대방이 편안한지를 묻는 표현이에요. 아침, 점심, 저녁에 언제든지 사용할 수 있어요. 친구 사이는 '안녕?'으로 서로 인사해요.

The expression '안녕하세요?' is a basic Korean greeting and means 'Hello.', 'How are you?' or 'How do you do?' It comes from the word '안녕하다', which means to be at ease in both body and mind. It literally means 'Are you in peace?' and is the way of asking if the other person is comfortable or well. It can be used at any time of the day, and it is the same as 'Good morning.', 'Good afternoon.', or 'Good evening.'. The greeting is often shortened to '안녕?' among friends.

018

헤어질 때는 두 가지 경우의 인사말이 있어요. 화자와 상대방이 동시에 떠날 때는 서로 '안녕히 가세요.'로 인사해요. 반면, 떠나지 않고 그 장소에 남는 사람의 경우는 '안녕히 가세요'로, 그 장소를 떠나는 사람의 경우는 '안녕히 계세요.'로 인사해요.

When parting, there are two different greetings used. When both the speaker and the other person are leaving at the same time, they say '안녕히 가세요' to each other, which means 'Goodbye' or 'Farewell'. Meanwhile, if someone is staying in the same place while the other person is leaving, the person staying says '안녕히 가세요', and the person leaving says '안녕히 계세요', which means 'Stay well' or 'Take care'.

감사를 표현할 때는 감사를 받는 대상에 따라 다르게 말해요. 화자보다 나이가 많거나 사회적 지위가 높거나 모르는 사람에게는 '감사합니다'나 '고맙습니다'로 말하고, 대답할 때는 '아닙니다'로 말해요. 반면, 화자와 나이가 같거나 어리고, 사회적 지위가 낮은 사람에게는 '고마워'로 말하고. 대답할 때는 '아니야.'로 말해요.

When Korean people express their attitude, the expression depends on the person who receives thanks. When the hearer is older or has a higher social status than the speaker, or is a stranger, the speaker expresses his or her appreciation saying '감사합니다.' or '고맙습니다.', which means 'Thank you.' or 'I appreciate it.' and receives thanks saying '아닙니다.', which means 'You're welcome.' Meanwhile, when the hearer is younger or has a lower social position than the speaker, the speaker expresses his or her appreciation saying '고마워.' and receives thanks saying '아니야.'

미안함을 표현할 때도 미안함을 받는 대상에 따라 다르게 말해요. 화자보다 나이가 많거나 사회적 지위가 높거나 모르는 사람에게는 '죄송합니다.'로 말하고, 대답할 때는 '괜찮습니다.'로 말해요. 반면, 화자와 나이가 같거나 어리고, 사회적 지위가 낮은 사람에게는 '미안해.'로 말하고, 대답할 때는 '괜찮아.'로 말해요.

When expressing an apology, the expression also depends on the person receiving the apology. To apologize to someone who is older than the speaker, has a higher social status, or is a stranger, '죄송합니다', which means 'I'm sorry' or 'I apologize.' is used, and the proper response is '괜찮습니다.', which means 'That's okay.'. Meanwhile, when apologizing to someone of the same age or younger than the speaker, or with a lower social status, '미안해' is used, and the proper response is '괜찮아.'.

021

'괜찮아요?'는 상대방에게 문제가 없는지를 물을 때 사용해요. 대답할 때는 '네, 괜찮아요.'로 말해요.

When the speaker asks if the hearer has any problem, the former asks '괜찮아요?', which menas 'Are you okay?' and then the latter answers '네, 괜찮아요.', which means 'Yes, I'm okay.'

022

'좋아요.'는 어떤 대상에 대해 만족할 때 사용하고, '별로예요.'는 어떤 대상이 마음에 안 들 때 사용해요.

When Korean people are satisfied with something, they say '좋아요', which means 'I like it.' However, when they are not satisfied with anything, they say '별로예요.', which means 'I don't like it.'

023

'알아요.'는 어떤 사실에 대해 알고 있을 때 사용하고, '몰라요.'는 그 사실에 대해 잘 모를 때 사용해요.

When Korean people are aware of a certain fact, they say '알아요.', which means 'I know.', but when they have no idea of the fact, they say '몰라요.', which means 'I don't know.'

024

'알겠어요.'는 어떤 사실을 이해했을 때 사용하고, '모르겠어요.'는 그 사실에 대해 이해하지 못했을 때 사용해요.

When Korean people understand a certain fact, they say '알겠어요.', which means 'Got it.' However, when they do not figure out the fact, they say '모르겠어요.', which means 'I don't get it.'

2단원

UNIT 2

나랏말ᄊᆞ이
듕귁에달아
문ᄍᆞ와로서르
ᄉᆞᄆᆞᆺ디아니ᄒᆞᆯᄊᆡ

이런젼ᄎᆞ로
어린ᄇᆡᆨ셩이
니르고져
ᄒᆞᇙ배이셔

자기소개

Self-introduction

4 과
Chapter 4

저는 한국 사람이에요.
I am a Korean.

어휘 국적 Nationality

문법 1 N_1은/는 N_2이에요/예요.

문법 2 N_1은/는 N_2이에요/예요?

말하기 국적 묻고 대답하기
Asking and answering questions about nationality

01 여러분은 어느 나라에서 왔어요? 아래에서 여러분의 나라를 찾아보세요.
Where are you from? Find your national flags below and try to read your country in Korean.

02 여러분은 어느 나라 사람이에요? 보기 와 같이 말해 보세요.
Where are you from? Say where you are from following the 보기 .

보기

문법 Grammar 1 N_1은/는 N_2이에요/예요.

N_1은/는 N_2이에요/예요.

· 'N은/는'은 문장의 화제를 나타내는 말 뒤에 사용하는 조사예요. 명사에 받침이 있으면 'N은', 받침이 없으면 'N는'을 사용해요.

In the patterns 'N은' and 'N는', the particles '은' and '는' are attached to a noun so that the noun becomes the topic in the sentence. The particle '은' is used for the noun which ends with a final consonant, and the particle '는' is used for the noun which ends with a vowel.

· 'N이에요/예요'는 명사의 속성이나 부류를 나타내는 말 뒤에 사용하는 조사예요. 명사의 받침이 있으면 'N이에요', 받침이 없으면 'N예요'를 사용해요.

In the patterns 'N이에요' and 'N예요', the copulas '이에요' and '예요' are attached to a noun so that in a sentence they introduce more information about the subject, such as its identity, nature, qualities, or position. The copula '이에요' is used for the noun which ends with a final consonant, and the copula '예요' is used for the noun which ends with a vowel.

029

안녕하세요?	Hello.
저**는** 김유미**예요**.	I am Kim Yumi.
저**는** 한국 사람**이에요**.	I am a Korean.
만나서 반가워요.	Nice to meet you.

연습 Practice 1

둘 중 맞는 것에 '☑' 표시하세요.

Which of the two options is correct? Tick the correct word.

1) 이하준(□은 □는) 한국 사람(□이에요 □예요).

2) 카나 씨(□은 □는) 일본 사람(□이에요 □예요).

3) 저(□은 □는) 대학생(□이에요 □예요).

4) 하오란(□은 □는) 교수님(□이에요 □예요).

하나 더 Extra tips

'씨'는 사람 이름 뒤에 써서 그 사람을 높여 부를 때 사용해요. 주로 동료나 친구, 아랫사람의 이름 뒤에 사용해요.

The honorific suffix '-씨' is a title like Mr., Mrs., and Miss, and it is used after a name, that is, the full name, or first name of people who are the speaker's colleague, friend or junior.

새 어휘 및 표현 Words and Expressions

저 I, me　대학생 university student　교수님 professor

연습 Practice 2

● 보기 와 같이 자신을 소개해 보세요.

Introduce yourself as shown in the following 보기 .

샤르마

보기

안녕하세요? 저는 샤르마예요.

저는 네팔 사람이에요. 만나서 반가워요.

1) 2) 3)

카나 가브리엘

문법 Grammar 2 N_1은/는 N_2이에요/예요?

N_1은/는 N_2이에요/예요?

'N_1은/는 N_2이에요/예요?'는 'N_1은/는 N_2이에요/예요.'의 질문 형태예요. 'N_1은/는 N_2이에요/예요.'는 마지막 부분을 내려서 읽지만 'N_1은/는 N_2이에요/예요?'는 끝부분을 올려서 읽어요.

The pattern 'N_1은/는 N_2이에요/예요?' is the form of questions which end with a rising intonation, whereas the pattern 'N_1은/는 N_2이에요/예요.' is the form of declarative sentences which end with a falling intonation.

030

가 하준 씨**는** 어느 나라 사람**이에요?**
나 저는 한국 사람이에요.

가 Hajun, where are you from?
나 I am a Korean.

연습 Practice 1

● 둘 중 맞는 것에 '☑' 표시하세요.
Which of the two options is correct? Tick the correct word.

1) 가 다말(□은 □는) 어느 나라 사람(□이에요 □예요)?
나 저(□은 □는) 이집트 사람(□이에요 □예요).

2) 가 무하마드 씨(□은 □는) 어느 나라 사람(□이에요 □예요)?
나 무하마드 씨(□은 □는) 우즈베키스탄 사람(□이에요 □예요).

새 어휘 및 표현 Words and Expressions

어느 which 나라 country

연습 Practice 2

보기 와 같이 어느 나라 사람인지 친구와 이야기해 보세요.
Ask and answer the question 'Where are you from?' as shown in the following 보기 .

프엉/베트남

보기

가 프엉 씨는 어느 나라 사람이에요?

나 프엉 씨는 베트남 사람이에요.

1)

마카우/케냐

2)

제시카/영국

3)

말하기 Speaking

031

Yumi	Hello? I am Yumi.
Jack	Hello? I am Jack.
Yumi	Jack, where are you from?
Jack	I am an American. Where are you from, Yumi?
Yumi	I am a Korean.
Jack	Nice to meet you.
Yumi	Nice to meet you.

유미	안녕하세요? 저는 유미예요.
잭	안녕하세요? 저는 잭이에요.
유미	잭 씨는 어느 나라 사람이에요?
잭	저는 미국 사람이에요. 유미 씨는 어느 나라 사람이에요?
유미	저는 한국 사람이에요.
잭	만나서 반가워요.
유미	만나서 반가워요.

연습 Practice

위의 대화를 참고하여 같은 색깔의 단어끼리 바꾸어 친구와 이야기해 보세요.

Have a talk with your friend by switching the same colors based on the previous conversation.

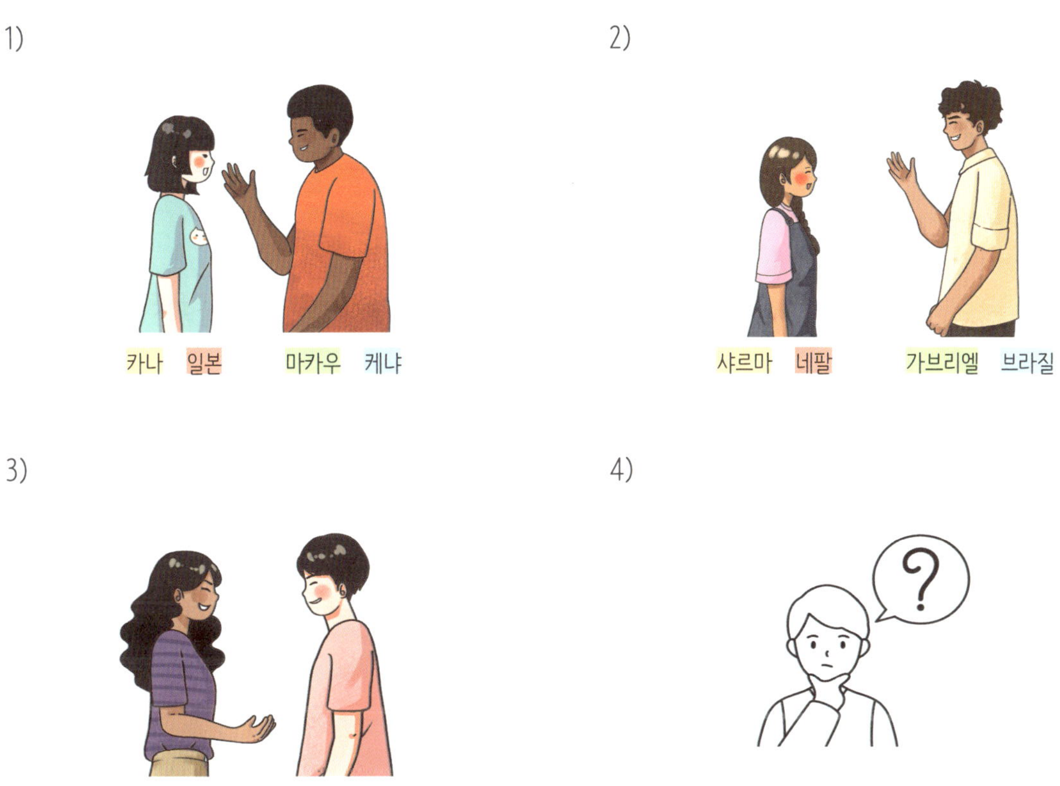

5과

Chapter 5

전공이 뭐예요?

What is your major?

- **어휘** 전공 Major
- **문법 1** N이/가 뭐예요?
- **문법 2** N이/가 아니에요
- **말하기** 전공 묻고 대답하기 Asking and answering major

어휘 Vocabulary

01 여러분의 전공이 뭐예요? 아래에서 찾아보세요.
What is your major? Find your major below.

경제학 Economics	교육학 Education	한국학 Korean studies
건축학 Architecture	경영학 Business administration	사회복지학 Social welfare
컴퓨터공학 Computer science	신문방송학 Journalism and broadcasting	정치외교학 Political science and international relations

02 보기 와 같이 여러분의 전공을 말해 보세요.
Say your major as shown in the following 보기 .

보기

유미 씨 전공은 정치외교학이에요.

제 전공은 ________이에요.

하나 더 Extra tips

'제'는 '저'와 '의'의 줄임말이에요. '의'는 명사 뒤에 붙어 뒤에 오는 명사가 앞 명사의 소유나 소속임을 나타내요.

The word '제' is a contraction of the combination '저의' of the pronoun '저' and the possessive particle '의.' The pronoun '저' means 'I' and it is the humble form used by the speaker to refer to himself or herself for the purpose of showing humility to the hearer.

문법 Grammar 1 N이/가 뭐예요?

N이/가 뭐예요?

· 'N이/가'는 명사 뒤에 붙어 명사가 문장의 주어임을 나타내요. 명사에 받침이 있으면 'N이', 받침이 없으면 'N가'를 사용해요.

In the pattern 'N이/가', the particles '이' and '가' are attached to a noun and called 'subject markers' so that the noun becomes the subject of the sentence. The particle '이' is used for the noun which ends with a final consonant, and the particle '가' is used for the noun which ends with a vowel.

· '뭐예요?'는 의문사 '뭐'와 '-예요'를 함께 사용한 표현이에요. '뭐'는 '무엇'의 줄임말이에요.

The pronoun '뭐' is the shortened form of '무엇', which means 'what', and the copula '예요' is the present tense conjugation of the copula '이다' in polite. The expression '뭐예요?', thus means 'What is it?'.

032

가 이름**이 뭐예요?**
나 하준이에요.
가 전공**이 뭐예요?**
나 교육학이에요.

가 What is your name?
나 I'm Hajun.
가 What is your major?
나 My major is education.

연습 Practice 1

● '이/가' 둘 중에서 알맞은 것을 쓰세요.

Choose the correct one of the particles '이' and '가' and fill in the blanks.

1) 이름____ 뭐예요?　　2) 전공____ 뭐예요?

3) 직업____ 뭐예요?　　4) 전화번호____ 뭐예요?

새 어휘 및 표현 Words and Expressions

이름 name　전화번호 phone number　직업 job

연습 Practice 2

보기 와 같이 여러분의 이름과 전공을 친구와 이야기해 보세요.

Ask and answer the questions 'What is your name?' and 'What is your major?' as shown in the following 보기 .

다말

한국학

보기

가 이름이 뭐예요?

나 다말이에요.

가 전공이 뭐예요?

나 한국학이에요.

1) 2) 3)

마카우 정치외교학 프엉 경제학

문법 Grammar 2 N이/가 아니에요

N이/가 아니에요

'N이/가 아니에요'는 명사를 부정하면서 명사 뒤에 붙어요. 명사에 받침이 있으면 'N이 아니에요', 받침이 없으면 'N가 아니에요'를 사용해요.

In the patterns 'N이 아니에요' and 'N가 아니에요', the negative copula '아니에요' attaches to a noun and negates the proceeding noun. The pattern 'N이 아니에요' is used for the noun which ends with a final consonant, and the pattern 'N가 아니에요' is used for the noun which ends with a vowel.

033

가 경제학 전공이에요?

나 아니요, 경제학 전공**이 아니에요.**

교육학 전공이에요.

가 Do you major in economics?

나 No, I don't. I major in education.

연습 Practice 1

'이/가 아니에요'를 사용하여 문장을 완성하세요.

Fill in the blanks according to the patterns 'N이 아니에요.' and 'N가 아니에요.'

1) 가 샤르마 씨예요?

나 아니요, 저는 샤르마 ________________. 프엉이에요.

2) 가 경영학 전공이에요?

나 아니요, 경영학 전공 ________________. 한국학 전공이에요.

새 어휘 및 표현 Words and Expressions

아니요 no

연습 Practice 2

보기 와 같이 여러분의 전공을 친구와 이야기해 보세요.

Ask and answer questions about a major as shown in the following 보기 .

보기

가 교육학 전공이에요?

나 아니요, 교육학 전공이 아니에요.
건축학 전공이에요.

1) 2) 3)

말하기 Speaking

034

Hajun Hello? I'm Hajun. What's your name?

Jessica Hi, I'm Jessica.

Hajun Jessica, what's your major?

Jessica I major in economics.
Do you also major in economics, Hajun?

Hajun No, I don't. My major is not economics.
It's education.

하 준 안녕하세요? 저는 하준이에요. 이름이 뭐예요?

제시카 안녕하세요? 저는 제시카예요.

하 준 제시카 씨는 전공이 뭐예요?

제시카 경제학이에요. 하준 씨 전공도 경제학이에요?

하 준 아니요. 제 전공은 경제학이 아니에요. 교육학이에요.

하나 더 Extra tips

'N도'는 명사 뒤에 붙어 그 명사가 어떤 것에 포함되거나 더할 때 사용해요.

In the pattern 'N도', the particle '도' is attached to a noun and is used when the noun is included in something or added to something.

연습 Practice

● 위의 대화를 참고하여 같은 색깔의 단어끼리 바꾸어 친구와 이야기해 보세요.

Have a talk with your friend by switching the same colors based on the previous conversation.

1)

2)

3)

4)

?

듣기 Listening

01 아래의 사람들은 어느 나라 사람이에요? 그림과 알맞은 나라를 연결하세요.
Where are the people in the following pictures from? Connect the upper and lower points in the pictures with a line. 035

1) 

2) 

3) 

① 

② 

③ 

02 다음은 신분증이에요. 대화를 듣고 빈칸에 알맞은 것을 쓰세요.
Listen to the conversation and fill in the blanks in the following identity cards. 036

1)

2)

새 어휘 및 표현 Words and Expressions

N에서 from (a place)　왔어요 came

읽기 Reading

01 무엇에 대한 이야기예요? 알맞은 것을 고르세요.
What is the statement about? Choose the correct one.

1) 저는 샤르마예요. 제 친구는 잭이에요.

① 나라 ② 이름 ③ 전공 ④ 직업

2) 교수님은 한국 사람이에요. 다말 씨는 이집트 사람이에요.

① 나라 ② 이름 ③ 전공 ④ 직업

02 다음을 읽고 맞는 것에 'O', 틀린 것에 'X' 표시하세요.
Read the following passage and mark 'O' if the statement is true and 'X' if it is false.

안녕하세요? 저는 카나예요.
저는 중국 사람이 아니에요. 일본 사람이에요.
저는 한국대학교 학생이에요.
제 전공은 경제학이 아니에요. 한국학이에요.

1) 카나 씨는 교수님이 아니에요. ( )

2) 카나 씨는 중국 사람이에요. ( )

3) 카나 씨 전공은 한국학이에요. ( )

새 어휘 및 표현 Words and Expressions

친구 friend 대학교 university 학생 student

쓰기 Writing

01 65쪽의 어휘와 아래 문법을 사용하여 문장을 만들어 보세요.

Write a sentence based on the words of 'Vocabulary Check' in page 65 and the following 'Grammar'.

문법 Grammars	· N_1은/는 N_2이에요/예요.	· N_1은/는 N_2이에요/예요?
	· N이/가 뭐예요?	· N이/가 아니에요.

1) ....

2) ....

3) ....

4) ....

02 보기 와 같이 자기소개를 쓰세요.

Write your self-introduction as shown in the following 보기 .

보기

안녕하세요?

저는 가브리엘이에요.

브라질 사람이에요.

한국대학교 학생이에요.

제 전공은 신문방송학이에요.

⇨

....

....

....

....

....

너랑 나랑 Talk Talk

다음 대화를 제시된 문법의 색깔에 맞춰 한국어로 바꿔 쓰세요.

Translate the following English conversation into Korean based on the colored patterns in the box.

N1은/는 N2이에요/예요.	N1은/는 N2이에요/예요?	N이/가 뭐예요?	N이/가 아니에요.

Hello, I'm Yumi.

안녕하세요. 저는 유미예요.

Hello, I'm Macau.

Macau, where are you from?

I'm from Kenya. Where are you from, Yumi?

I am a Korean. What is your major, Macau?

My major is social welfare. Is your major also social welfare, Yumi?

No, My major is not social welfare. My major is political science and international relations.

Nice to meet you.

Nice to meet you, too. Goodbye.

Goodbye.

어휘 확인 Vocabulary check

4과

- ☐ 한국 Korea
- ☐ 중국 China
- ☐ 일본 Japan
- ☐ 베트남 Vietnam
- ☐ 몽골 Mongolia
- ☐ 우즈베키스탄 Uzbekistan
- ☐ 네팔 Nepal
- ☐ 방글라데시 Bangladesh
- ☐ 말레이시아 Malaysia
- ☐ 인도네시아 Indonesia
- ☐ 러시아 Russia
- ☐ 영국 United Kingdom
- ☐ 독일 Germany
- ☐ 이집트 Egypt
- ☐ 케냐 Kenya
- ☐ 호주 Australia
- ☐ 미국 United States of America
- ☐ 캐나다 Canada
- ☐ 브라질 Brazil
- ☐ 멕시코 Mexico

5과

- ☐ 경제학 economics
- ☐ 교육학 education
- ☐ 한국학 Korean studies
- ☐ 건축학 architecture
- ☐ 경영학 business administration
- ☐ 사회복지학 social welfare
- ☐ 컴퓨터공학 computer science
- ☐ 신문방송학 journalism and broadcasting
- ☐ 정치외교학 political science and international relations

3단원

UNIT 3

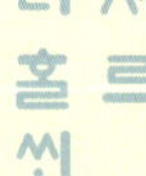

나랏말ᄊᆞ이
듕귁에달아
문ᄍᆞ와로서르
ᄉᆞᄆᆞᆺ디아니ᄒᆞᆯᄊᆡ

이런젼ᄎᆞ로
어린빅셩이
니르고져
ᄒᆞᇙ배이셔

위치

Location

6과 **도서관에 가요.**

I am going to the library.

7과 **학생 식당은 동아리방 옆에 있어요.**

The university cafeteria is next to the university club room.

6과
Chapter 6

도서관에 가요.

I am going to the library.

어휘 학교 건물 University building

문법 1 N에 가요/와요

문법 2 여기/저기/거기

말하기 학교 건물 묻고 대답하기
Asking and answering questions about university school buildings

어휘 Vocabulary

01 다음은 대학교 캠퍼스 지도예요. 여러분은 어디에 가 봤어요?

This is the campus map of the university. Which places have you visited?

① 학교 정문
② 대학 본부
③ 주차장
④ 우체국
⑤ 도서관
⑥ 서점
⑦ 은행
⑧ 커피숍
⑨ 편의점
⑩ 체육관
⑪ 운동장
⑫ 학생 식당
⑬ 동아리방
⑭ 강의실
⑮ 학과사무실

BOOKSTORE
BANK
GYM

02 대학교 캠퍼스 지도를 보고, 보기 와 같이 말해 보세요.

Look at the above campus map of the university and have a talk as shown in the following 보기 .

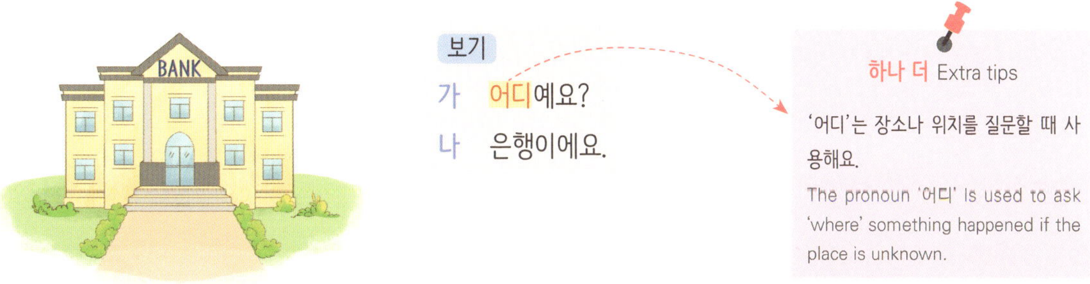

보기

가 어디예요?

나 은행이에요.

하나 더 Extra tips

'어디'는 장소나 위치를 질문할 때 사용해요.

The pronoun '어디' is used to ask 'where' something happened if the place is unknown.

문법 Grammar 1 N에 가요/와요

N에 가요/와요

· 'N에'는 장소나 위치를 나타내는 말 뒤에 사용하는 조사예요.

In the pattern 'N에', the locative particle '에' is attached to the end of a place so as to show either that someone or something is going to the place or the location of a state of being.

· '가요/와요'는 동사 '가다/오다'의 현재형이에요.

The words '가요' and '와요' respectively refer to the present tense conjugation of the verbs '가다(to go)' and '오다(to come)' in polite.

037

가 다말 씨, 도서관**에 가요?**

나 네, 도서관**에 가요.**

가 Damal, are you going to the library?
나 Yes, I am going to the library.

038

가 다말 씨, 도서관**에 와요?**

나 아니요, 우체국**에 가요.**

가 Damal, are you coming to the library?
나 No, I am going to the post office.

연습 Practice 1

● 그림을 보고 둘 중 맞는 것에 '☑' 표시하세요.

Which of the two options is correct? Tick the correct word.

1) 가 제시카 씨, 커피숍에 (□가요 □와요)?
나 네, 커피숍에 (□가요 □와요).

새 어휘 및 표현 Words and Expressions

네 yes

2) 가 제시카 씨, 은행에 (□가요 □와요)?
나 아니요, 서점에 (□가요 □와요).

연습 Practice 2

보기 와 같이 어디에 가는지 친구와 이야기해 보세요.
Ask and answer the question 'Where are you going?' as shown in the following 보기 .

보기
가 어디에 가요?
나 학생 식당에 가요.

1)

2)

3)

여기/저기/거기

· '여기'는 말하는 사람에게 가까운 곳을 가리킬 때 사용해요.

The pronoun '여기' means 'here' and is used when the place is near the speaker.

· '저기'는 말하는 사람과 듣는 사람에게 먼 곳을 가리킬 때 사용해요.

The pronoun '저기' means 'there' and is used when the place is far from both the speaker and the hearer.

· '거기'는 말하는 사람에게 멀지만 듣는 사람에게 가까운 곳을 가리킬 때 사용해요. 그리고 앞에서 이미 이야기한 곳을 말하거나 현재 장소가 아닌 다른 장소를 가리킬 때도 사용해요.

The pronoun '거기' means 'there' and is used when the place is near the hearer but far from the speaker. It is also used when the place is mentioned before during the conversation or when the speaker and the hearer talk about the other place where they are not at the moment.

039

가 **여기**는 어디예요?
나 대학교 정문이에요.

가 What is this place?
나 This is the main gate of the university.

040

가 **저기**는 어디예요?
나 편의점이에요.

가 What is that place?
나 That is a convenient store.

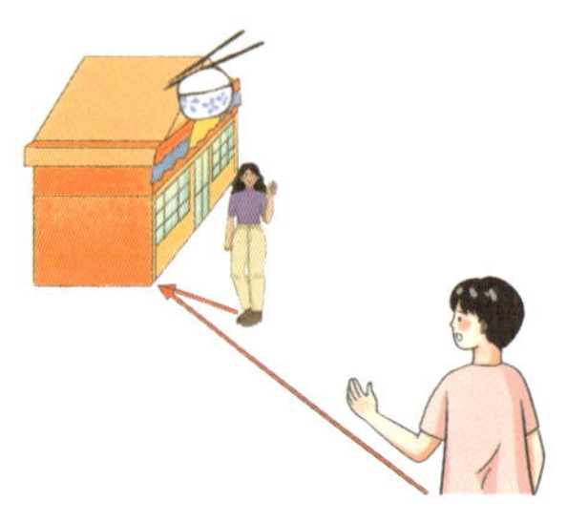

041

가 **거기**는 어디예요?
나 학생 식당이에요.

가 What is that place?
나 This is a school cafeteria.

연습 Practice 1

여자가 가리키는 곳이 어디인지 '☑' 표시하세요.

Where is the woman pointing? Tick the correct word.

1) □ 여기 □ 저기 □ 거기

2) □ 여기 □ 저기 □ 거기

3) □ 여기 □ 저기 □ 거기

연습 Practice 2

69쪽의 대학교 캠퍼스 지도를 보고 보기 와 같이 친구와 이야기해 보세요.

Look at the campus map of the university in page 69 and have a talk as shown in the following 보기 .

보기

가 여기/거기/저기는 어디예요?

나 ______ 이에요/예요.

말하기 Speaking

Damal Hajun, what is this place?

Hajun This is the administration building.

Damal What is that place?

Hajun That is the library. I am now going to the library. Where are you going, Damal?

Damal I am also going to the library.

Hajun Then let's go together.

Damal Yes, that's a good idea.

다말 하준 씨, 여기는 어디예요?

하준 대학 본부예요.

다말 저기는 어디예요?

하준 도서관이에요. 저는 지금 도서관에 가요. 다말 씨는 어디에 가요?

다말 저도 도서관에 가요.

하준 그럼 같이 가요.

다말 네, 좋아요.

연습 Practice

위의 대화를 참고하여 같은 색깔의 단어끼리 바꾸어 친구와 이야기해 보세요.
Have a talk with your friend by switching the same colors based on the previous conversation.

새 어휘 및 표현 Words and Expressions

지금 now　그럼 then　같이 together

7과
Chapter 7

학생 식당은 동아리방 옆에 있어요.

The university cafeteria is next to the university club room.

어휘 위치 명사 Location Nouns

문법 1 N에 있어요

문법 2 N이/가 있어요/없어요

말하기 위치 묻고 대답하기
Asking and answering questions about locations

어휘 Vocabulary

01 다음은 대학교 캠퍼스 지도예요. 학교 건물이 어디에 있어요?

This is the campus map of the university. Where are university buildings?

문법 Grammar 1 N에 있어요

N에 있어요

'N에 있어요'는 사람이나 사물의 위치를 나타낼 때 사용해요. N는 특정 장소나 위치를 나타내는 말을 사용해요.

In the pattern 'N에 있어요', the particle '에' is attached to a noun denoting a place to indicate the location of a person or thing.

043

가 다말 씨가 어디**에 있어요?**

나 동아리방**에 있어요.**

가 Where is Damal?

나 She's in the club room.

044

가 학생 식당이 어디**에 있어요?**

나 동아리방 옆**에 있어요.**

가 Where is the cafeteria?

나 It's next to the club room.

연습 Practice 1

둘 중 맞는 것에 '☑' 표시하세요.

Which of the two options is correct? Tick the correct word.

1) 대학 본부가 학교 정문 (□앞 □뒤)에 있어요.

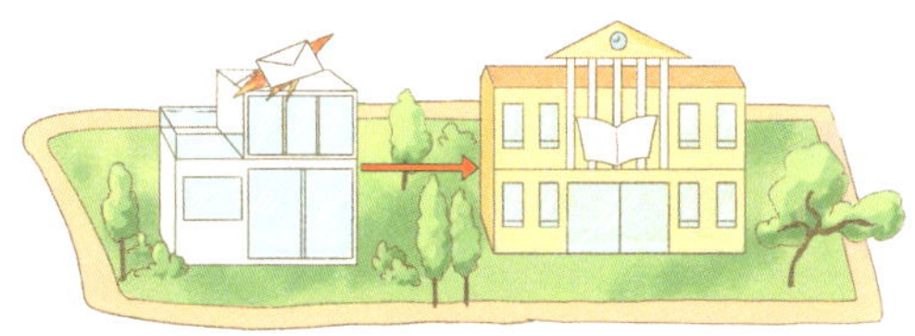

2) 도서관이 우체국 (□왼쪽 □오른쪽)에 있어요.

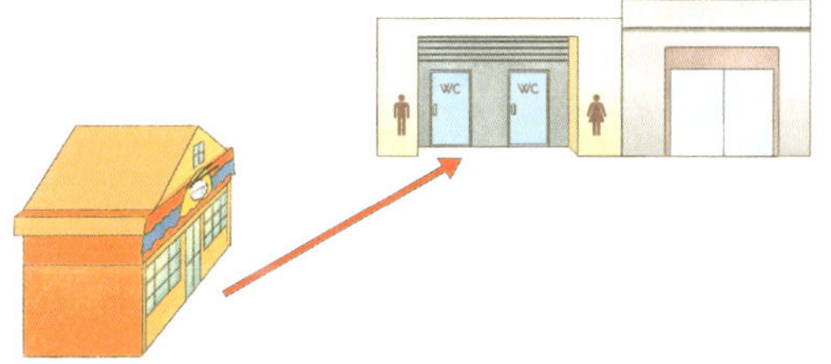

3) 화장실이 학생 식당 (□안 □밖)에 있어요.

연습 Practice 2

77쪽의 대학교 캠퍼스 지도를 보고, 〈보기〉와 같이 건물의 위치를 친구와 이야기해 보세요.

Look at the campus map of the university in page 77 and have a talk about the location of university buildings as shown in the following 보기.

보기

가 커피숍이 어디에 있어요?

나 은행 왼쪽에 있어요.

새 어휘 및 표현 Words and Expressions

화장실 restroom

문법 Grammar 2 N이/가 있어요/없어요

N이/가 있어요/없어요

· '있어요'는 '있다'의 현재형이에요. '있다'는 존재나 소유를 나타내요.

The word '있어요' is the present tense of the verb or the adjective '있다' in polite, and it is used to express either existence 'to exist' or 'there is' or possession 'to have.'

· '없어요'는 '없다'의 현재형이에요. '없다'는 '있다'의 반대말이에요.

The word '없어요' is the present tense of the verb or the adjective '없다' in polite, which is the antonym of the word '있다.'

045

가 다말 씨, 학교에 커피숍**이 있어요?**

나 네, 있어요.

가 Damal, is there a cafe in the university?
나 Yes, there is.

046

가 다말 씨, 학교에 편의점**이 있어요?**

나 아니요, 없어요.

가 Damal, is there a convenience store in the university?
나 No, there isn't.

새 어휘 및 표현 Words and Expressions

학교 school

연습 Practice 1

그림을 보고 둘 중 맞는 것에 '☑' 표시하세요.

Look at the following pictures. Which of the two options is correct? Tick the correct word.

1) 체육관이 (□있어요 □없어요).

2) 도서관이 (□있어요 □없어요).

3) 학생 식당이 (□있어요 □없어요).

4) 학과 사무실이 (□있어요 □없어요).

연습 Practice 2

아래에 제시된 건물이 있는지 보기 와 같이 친구와 이야기해 보세요.

Ask and answer questions about buildings as shown in the following examples.

대학 본부	편의점
은행	수자상
커피숍	우체국
서점	동아리방

보기

가 은행이 있어요?

나 네, 있어요.

보기

가 주차장이 있어요?

나 아니요, 없어요.

말하기 Speaking

047

Macau	Kana, where are you now?
Kana	I'm in the lecture room. Where are you, Macau?
Macau	I'm also in the lecture room. Is there a copy room in this building?
Kana	No, there isn't in here. It is outside this building.
Macau	Ah, okay. I've got it. Thanks.
Kana	You're welcome.

마카우	카나 씨, 지금 어디에 있어요?
카 나	강의실에 있어요. 마카우 씨는 어디에 있어요?
마카우	저도 강의실에 있어요. 이 건물에 복사실이 있어요?
카 나	아니요, 여기에 없어요. 복사실은 이 건물 밖에 있어요.
마카우	아, 네. 알겠어요. 고마워요.
카 나	아니에요.

연습 Practice

위의 대화를 참고하여 같은 색깔의 단어끼리 바꾸어 친구와 이야기해 보세요.

Have a talk with your friend by switching the same colors based on the previous conversation.

1)

유미/학생식당

잭/화장실

2)

프엉/체육관

하오란/커피숍

3)

다말/대학 본부

무하마드/은행

4)

새 어휘 및 표현 Words and Expressions

건물 building　복사실 copy room

듣기 Listening

01 지금 어디에 가요? 그림과 알맞은 장소를 연결하세요.

Where are the people in the following pictures going now? Connect the upper and lower points in the pictures with a line. 048

1) 

2) 

3) 

① 

② 

③ 

02 다음은 대학교 캠퍼스 지도예요. 대화를 듣고 빈칸에 알맞은 장소를 쓰세요.

Listen to the conversation and fill in the blanks in the following campus map of the university. 049

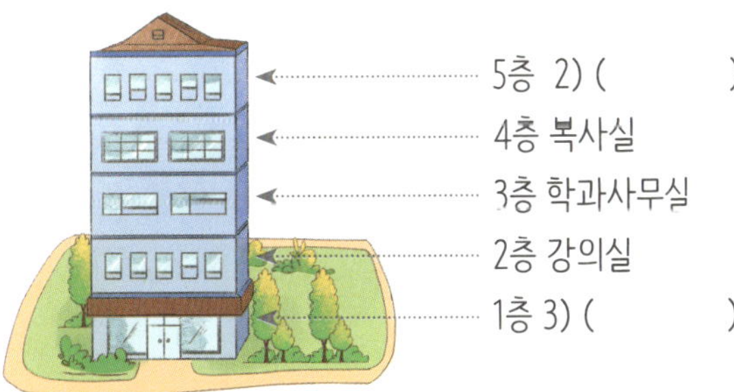

1)(   )

새 어휘 및 표현 Words and Expressions

층 floor   맞아요. You're right.

읽기 Reading

01 질문을 읽고 알맞은 대답에 '☑' 표시하세요.

Read the questions and tick the correct response.

1)	어디에 가요?	□ 도서관에 가요.	□ 도서관에 있어요.
2)	은행이 어디에 있어요?	□ 네, 있어요.	□ 저기에 있어요.
3)	여기는 어디예요?	□ 학과사무실이에요.	□ 네, 학과사무실에 있어요.
4)	주차장이 있어요?	□ 네, 주차장이에요.	□ 아니요, 없어요.

02 다음을 읽고 맞는 것에 'O', 틀린 것에 'X' 표시하세요.

Read the following passage and mark 'O' if the statement is true and 'X' if it is false.

안녕하세요? 제 이름은 무하마드예요.
저는 우즈베키스탄 사람이에요.
저는 한국대학교 학생이에요. 제 전공은 컴퓨터공학이에요.
한국대학교는 부산에 있어요.
컴퓨터공학과 건물은 학교 정문 오른쪽에 있어요.
거기에 강의실, 학과사무실, 동아리방, 커피숍이 있어요.
복사실은 거기에 없어요. 복사실은 도서관에 있어요.
도서관은 컴퓨터공학과 건물 건너편에 있어요.

1) 무하마드 씨는 컴퓨터공학과 교수님이에요. (　　　)

2) 컴퓨터공학과 건물은 학교 정문 옆에 있어요. (　　　)

3) 복사실은 컴퓨터공학과 건물 맞은편에 있어요. (　　　)

새 어휘 및 표현 Words and Expressions

컴퓨터공학과 computer science department　부산 Busan

쓰기 Writing

01 87쪽의 어휘와 아래 문법을 사용하여 문장을 만들어 보세요.
Write a sentence based on the words of 'Vocabulary Check' in page 87 and the following 'Grammar.'

문법 Grammars	· N에 가요/와요.	· 여기/저기/거기
	· N에 있어요.	· N이/가 있어요/없어요.

1) ....

2) ....

3) ....

4) ....

02 여러분의 학교 지도를 그리고, 보기 의 단어를 사용하여 학교 건물의 위치를 쓰세요.
Draw the map of your school and write the location of the buildings in the map by using the words in the following 보기 .

보기 앞 뒤 옆 왼쪽 오른쪽 위 아래/밑 건너편/맞은편

여기는 .... 대학교예요.

....

....

....

....

....

....

너랑 나랑 Talk Talk

다음 대화를 제시된 문법의 색깔에 맞춰 한국어로 바꿔 쓰세요.

Translate the following English conversation into Korean based on the colored patterns in the box.

N에 가요/와요.	여기/저기/거기	N에 있어요.	N이/가 있어요/없어요.

Kana, what is this place?

카나 씨, 여기는 어디예요?

This is the headquarter of the university.

What is that place?

That is a library. I am now going to the library. Where are you going, Hajun?

I am also going to the library.

Then let's go together.

Yes, that sounds good. Kana, is there a copy room in the library?

No. there isn't. It is outside the library.

Ah, okay. I've got it. Thanks.

You're welcome.

어휘 확인 Vocabulary check

6과

- [ ] 학교 정문 the main gate of the university
- [ ] 대학 본부 the headquarter of the university
- [ ] 주차장 parking lot
- [ ] 우체국 a post office
- [ ] 도서관 a library
- [ ] 서점 a bookstore
- [ ] 은행 a bank
- [ ] 커피숍 a cafe
- [ ] 편의점 a convenient store
- [ ] 체육관 a gym
- [ ] 운동장 a sports ground
- [ ] 학생 식당 university cafeteria
- [ ] 동아리방 a university club room
- [ ] 강의실 a lecture room
- [ ] 학과사무실 a department office

7과

- [ ] 앞 front
- [ ] 뒤 back, behind
- [ ] 옆 beside
- [ ] 왼쪽 left
- [ ] 오른쪽 right
- [ ] 맞은편/건너편 across from
- [ ] 안 in, inside
- [ ] 밖 out, outside
- [ ] 위 upper side, and top
- [ ] 아래/밑 lower side, and bottom

4단원

UNIT 4

나랏말ᄊᆞ이
듕귁에달아
문ᄍᆞ와로서르
ᄉᆞᄆᆞᆺ디아니ᄒᆞᆯᄊᆡ

이런젼ᄎᆞ로
어린ᄇᆡᆨ셩이
니르고져
ᄒᆞᇙ배이셔

주문

Order

8과 **비빔밥 한 개 주세요.**

Please give me a dish of Bibimbap.

9과 **커피는 2,300원이에요.**

The coffee costs 2,300 won.

8 과

Chapter 8

비빔밥 한 개 주세요.

Please give me a dish of Bibimbap.

- **어휘** 한국 음식 Korean Foods
- **문법 1** 수 1(한, 두, 세…) + 개
- **문법 2** N 주세요.
- **말하기** 음식 주문하기 Ordering foods

어휘 Vocabulary

01 여러분이 좋아하는 한국 음식은 뭐예요? 아래에서 좋아하는 한국 음식을 찾아보세요.
What is your favorite Korean food? Pick your favorite Korean foods from each category

한국 음식

밥
⑥ 김밥 ⑦ 비빔밥 ⑧ 볶음밥 ⑨ 제육덮밥 ⑩ 돼지국밥

찌개, 탕
① 김치찌개 ② 된장찌개 ③ 갈비탕 ④ 삼계탕 ⑤ 설렁탕

고기 
⑪ 치킨 ⑫ 삼겹살 ⑬ 불고기 ⑭ 돈가스 ⑮ 닭갈비

면
⑯ 물냉면 ⑰ 비빔냉면 ⑱ 라면 ⑲ 칼국수 ⑳ 짜장면

분식
㉑ 떡볶이 ㉒ 순대 ㉓ 어묵 ㉔ 튀김 ㉕ 호떡

02 위의 메뉴를 보고, 보기 와 같이 여러분이 좋아하는 한국 음식을 말해 보세요.
Look at the above categories and have a talk about your favorite Korean foods as shown in the following 보기.

보기
김치찌개가 맛있어요.

하나 더 Extra tips

'N이/가 맛있어요'는 어떠한 음식을 먹은 후 그 음식이 맛있을 때 사용하고, 그렇지 않을 때에는 'N이/가 맛없어요'를 사용해요.
'N이/가 맛있어요' is used when you have eaten a certain food and find it delicious. The opposite expression is 'N이/가 맛없어요', which means that you find the food not delicious after eating it.

문법 Grammar 1 수 1(한, 두, 세…) + 개

수 1(한, 두, 세…) + 개

· '수 1(한, 두, 세…)'은 고유어 수로, 사람이나 사물의 수를 나타내는 단위 명사 앞에서 사용해요.

The native Korean cardinals (e.g. '한(one)', '두(two)', '세(three)', etc.) are used when you count something or someone, and say someone's age and hours of the time.

· '개'는 단위 명사로 명사의 수를 나타낼 때 사용해요.

The word '개' is a counter which is needed after the number when you use a number to count something.

050

가 호떡이 **몇** 개 있어요?
나 **세 개** 있어요.

가 How many hotteok are there?
나 There are three.

하나 더 Extra tips

'몇'은 명사의 수량이나 개수를 묻기 위해 사용하는 의문대명사이며, '몇+개'처럼 '몇+단위명사'로 사용해요.

The interrogative pronoun '몇' is usually used for asking a question related to numbers using counters such as '개.'

연습 Practice 1

호떡이 몇 개예요? 읽어 보세요.

How many hotteok are there? Read the following cardinal numbers and counters aloud.

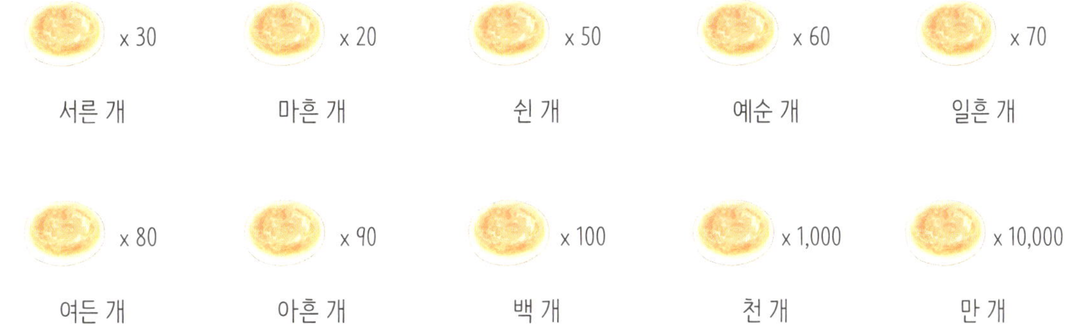

연습 Practice 2

보기 와 같이 음식이 몇 개 있는지 친구와 이야기해 보세요.
Ask and answer questions related to numbers as shown in the following 보기 .

보기

가 삼각김밥이 몇 개 있어요?

나 한 개 있어요.

1)

2)

3)

새 어휘 및 표현 Words and Expressions

삼각김밥 Samgak gimbap 바나나우유 banana milk 컵라면 instant cup noodles

문법 Grammar 2 N 주세요.

N 주세요.

'주세요'는 '주다'와 '-(으)세요'의 결합 형태로 상대방에게 무언가를 달라고 요청할 때 사용해요.

The pattern 'N 주세요' is used to express a polite request or polite command to someone to do something for the speaker. In the pattern, the word '주' is the stem of the verb '주다 (give)' and '-세요', the sentence final ending, which means 'please', is used to describe, ask a question, order and request.

051

가 **비빔밥 한 개 주세요.**
나 네, 잠시만 기다리세요.

가 Please give me a dish of Bibimbap.
나 Yes, please wait a moment.

연습 Practice 1

● 문장의 순서에 맞게 상자에 번호를 쓰세요.

Arrange the sentence in proper order. Put the numbers in the given boxes as shown in the following 보기 .

보기

주세요 / 라면 / 개 / 한

4 1 3 2

1) 개 / 김밥 / 두 / 주세요

☐ ☐ ☐ ☐

2) 다섯 / 김치찌개 / 주세요 / 개

☐ ☐ ☐ ☐

새 어휘 및 표현 Words and Expressions

잠시만 for a moment　기다리세요. Please wait.

연습 Practice 2

● 여기는 식당입니다. 보기 와 같이 음식을 주문해 보세요.

This is a restaurant. Ask and answer questions about ordering food as shown in the following 보기 .

보기

가 냉면 네 개 주세요.

나 네, 잠시만 기다리세요.

1) 2) 3)

말하기 Speaking

Staff	Welcome.
Gabriel	Please give me a dish of Bibimbap and two bowls of Kimchi-jjigae.
Staff	Yes, please wait a moment.
	(After a while)
Gabirel	Excuse me. Please give me some water, too.
Staff	Yes, Here you are.
Gabirel	Thanks.

직원	어서 오세요.
가브리엘	비빔밥 한 개, 김치찌개 두 개 주세요.
직원	네. 잠시만 기다리세요.
	(잠시 후)
가브리엘	여기요. 물도 주세요.
직원	네. 여기 있어요.
가브리엘	감사합니다.

하나 더 Extra tips

'어서 오세요.'는 식당이나 가게에서 손님을 맞을 때 사용해요.

The expression '어서 오세요.' is used to welcome and greet customers in a restaurant or a shop.

'여기요/저기요'는 식당에서 손님이 직원을 부를 때 사용해요.

Korean people can shout either the expression '여기요' or the expression '저기요' when trying to get somebody's attention. The two patterns are used when customers call the staff in a restaurant.

새 어휘 및 표현 Words and Expressions

물 water

연습 Practice

위의 대화를 참고하여 같은 색깔의 단어끼리 바꾸어 친구와 이야기해 보세요.

Have a talk with your friend by switching the same colors based on the previous conversation.

새 어휘 및 표현 Words and Expressions

반찬 side dish 맥주 beer

9 과

Chapter 9

커피는 2,300원이에요.

The coffee costs 2,300 won.

- **어휘** 편의점 상품 Convenience store items
- **문법 1** 수 2(일, 이, 삼…) + 원이에요
- **문법 2** N_1하고 N_2
- **말하기** 가격 묻기 Asking for prices

어휘 Vocabulary

01 여기는 편의점이에요. 무엇을 사고 싶어요?
This is a convenience store. What would you like to buy?

CIGARETTES

① 담배
② 교통카드
③ 햄버거
④ 샌드위치
⑤ 치즈케이크
⑥ 빵
⑦ 우유
⑧ 삼각김밥
⑨ 소시지
⑩ 계란
⑪ 컵라면
⑫ 초콜릿
⑬ 과자
⑭ 휴지
⑮ 바나나
⑯ 우산
⑰ 콜라
⑱ 주스
⑲ 커피
⑳ 물
㉑ 맥주
㉒ 소주
㉓ 아이스크림

02 위의 메뉴를 보고, 보기 와 같이 주문해 보세요.
Look at the above picture and order convenience store items based on the following 보기 .

보기
빵 한 개 주세요.

문법 Grammar 1 수 2(일, 이, 삼…) + 원이에요

수 2(일, 이, 삼…) + 원이에요

- '수 2(일, 이, 삼…)'은 한자어 수로, 가격, 전화번호, 연도, 날짜 등을 나타내는 명사 앞에서 사용해요.
  The Sino-Korean numerals (e.g. '일(one)', '이(two)', '삼(three)', etc.) are used with things like money, phone numbers, the year, dates, minutes, addresses, and numbers above 100.

- '원이에요'는 한국의 통화단위 '원'과 종결어미 '이에요'를 함께 사용한 표현이에요.
  The expression '원이에요' consists of South Korea's currency '원(won)' and the copula '이에요.'

2,300원

053

가 커피가 얼마예요?
나 2,300원이에요.

가 How much does the coffee cost?
나 It cost 2,300 won.

하나 더 Extra tips

'얼마예요?'는 가격이나 비용을 물을 때 사용해요.

The expression '얼마예요?' is used to ask the price or the cost of something, and it means 'How much does it cost?'

연습 Practice 1

숫자를 읽어 보세요.

Read the following Sino-Korean numerals aloud.

1	2	3	4	5
일	이	삼	사	오
6	7	8	9	10
육	칠	팔	구	십
20	30	40	50	60
이십	삼십	사십	오십	육십

70	80	90	100	1000	10000
칠십	팔십	구십	백	천	만

연습 Practice 2

보기 와 같이 가격을 말해 보세요.

Ask and answer questions about prices of the following items as shown in the following 보기 .

1,000원

보기

가 콜라가 얼마예요?

나 1,000원이에요.

1) 1,500원

2) 7,000원

3)

문법 Grammar 2 N_1하고 N_2

N_1하고 N_2

'N_1하고 N_2'는 두 개 이상의 사물을 나열할 때 사용해요. 비슷한 표현으로 'N_1와/과 N_2', 'N_1(이)랑 N_2'을 사용할 수 있어요. N_1이 모음으로 끝나면 '과', '랑'을 사용하고, 그렇지 않으면 '와', '이랑'을 사용해요.

In the pattern 'N_1하고 N_2', the particle '하고' is used for linking two nouns or more, and the particle '하고' is interchangeable with either the particle '과' or '와' or the particle '이랑' or '랑.' The particles '과' and '이랑' are used for the noun which ends with a final consonant, and the particles '와' and '랑' are used for the noun which ends with a vowel.

1,500원

1,500원

054

가 **삼각김밥하고 컵라면** 얼마예요?

나 3,000원이에요.

가 How much are Samgak gimbap and instant cup noodles?

나 They are 3,000 won.

연습 Practice 1

보기 와 같이 'N_1하고 N_2'를 사용하여 문장을 완성하세요.

Fill in the blanks according to the pattern 'N_1하고 N_2' as shown in the following **보기**.

보기

계란하고 물 주세요.

1)

__________________ 주세요.

2)

__________________ 주세요.

3)

__________________ 주세요.

연습 Practice 2

● 보기 와 같이 가격을 말해 보세요.

Ask and answer questions of prices of the following items as shown in the following 보기 .

2,100원

보기

가 빵하고 우유 얼마예요?

나 2,100원이에요.

1) 5,400원

2) 4,800원

3)

말하기 Speaking

055

Staff	Welcome.
Kana	How much do four cans of beer and one sausage cost?
Staff	If you buy one sausage, you get one free! Please bring one more with you.
Kana	Okay, I got it.
Staff	The total cost of them is 12,000 won.
Kana	Here you are. And 10,000 won on my transportation card, please.
Staff	Oh, yes, I got it.

직원	어서 오세요.
카나	맥주 네 캔하고 소시지 한 개 얼마예요?
직원	소시지는 1+1이에요. 한 개 더 가지고 오세요.
카나	네, 알겠어요.
직원	모두 12,000원이에요.
카나	여기 있어요. 그리고 교통카드도 10,000원 충전해 주세요.
직원	아, 네. 알겠어요.

하나 더 Extra tips

'V-아/어/해 주세요'는 누군가에게 무언가를 부탁할 때 사용하는 정중한 표현이에요.

The pattern 'V-아/어/해 주세요' is originated from the stem of the verb '주다', which means 'to give', and they are used to form sentences for either making requests or asking for assistance from someone, in polite.

연습 Practice

● 위의 대화를 참고하여 같은 색깔의 단어끼리 바꾸어 친구와 이야기해 보세요.

Have a talk with your friend by switching the same colors based on the previous conversation.

1)

햄버거 4개 콜라 2캔, 2+1

15,700원

2)

우산 1개 아이스크림 1개, 1+1

10,800원

3)

샌드위치 5개 물 2개, 2+1

19,000원

4)

새 어휘 및 표현 Words and Expressions

캔 can 1+1 buy one, get one free 더 more 모두 all, together 가지고 오세요. Please bring it with you. 충전하다 to recharge (a transportation card)

듣기 Listening

01 손님이 뭘 주문해요? 알맞은 그림을 찾아 연결하세요.
What do the people in the following pictures order? Connect the upper and lower points in the pictures with a line. 056

1) 

2) 

3) 

① 

②  

③  

02 대화를 잘 듣고 질문에 답하세요.
Listen to the conversation and answer the following questions. 057

1) 손님이 뭘 사요?
What do the customer buy?

① 

② 

③  

2) 모두 얼마예요?
How much is it all together?

① 7,000원 ② 20,300원 ③ 21,000원

 새 어휘 및 표현 Words and Expressions

거스름돈 change(as in money)

읽기 Reading

01 다음을 읽고 맞는 것을 고르세요.
Read the following and choose the correct one.

1) ① 콜라 넷 개 주세요.

② 우산 다섯 개 주세요.

③ 아이스크림 둘 개 주세요.

④ 치즈케이크 하나 개 주세요.

2) ① 1,500원이에요. → 이천오백 원이에요.

② 10,900원이에요. → 만 구천 원이에요.

③ 47,100원이에요. → 삼만 칠천백 원이에요.

④ 102,000원이에요. → 십만 이천 원이에요.

02 다음을 읽고 맞는 것에 'O', 틀린 것에 'X' 표시하세요.
Read the following passage and mark 'O' if the statement is true and 'X' if it is false.

> 여기는 학생 식당이에요.
> 학생 식당은 동아리방 옆에 있어요.
> 학교 식당에 비빔밥, 김치찌개, 라면, 돈가스가 있어요.
> 비빔밥하고 김치찌개는 7,200원이에요. 라면은 4,500원이에요. 돈가스는 6,800원이에요.
> 학생 식당 음식은 맛있어요.

1) 학교 식당에 비빔밥이 있어요. (　　　)

2) 김치찌개는 사천오백 원이에요. (　　　)

3) 라면 한 개하고 돈가스 한 개는 만 천삼백 원이에요. (　　　)

쓰기 Writing

01 109쪽의 어휘와 아래 문법을 사용하여 문장을 만들어 보세요.
Write a sentence based on the words of 'Vocabulary Check' in page 109 and following 'Grammar'.

문법 Grammars	· 수 1(한, 두, 세⋯) + 개	· N 주세요.
	· 수 2(일, 이, 삼⋯) + 원이에요.	· N_1하고 N_2

1) ....

2) ....

3) ....

4) ....

02 보기 와 같이 메뉴와 가격을 써 보세요.
Write sentences related to 'Food Menu' on the line provided based on the following 보기 .

MENU

2,000원 1,800원 900원

보기
커피는 이천 원이에요.
주스는 천팔백 원이에요.
물은 구백 원이에요.

MENU

2,000원 2,600원

3,400원

....

....

....

너랑 나랑 Talk Talk

다음 대화를 제시된 문법의 색깔에 맞춰 한국어로 바꿔 쓰세요.

Translate the following English conversation into Korean based on the colored patterns in the box.

수 1(한, 두, 세…) + 개	N 주세요.	수 2(일, 이, 삼…) + 원이에요.	N_1하고 N_2

Welcome.

어서 오세요.

Please give me a dish of Bibimbap and two bowls of Doenjang-jjigae.

Sure, got it.

Excuse me, could you also give me some water?

Of course, here it is.

〈After the meal〉

How much all together?

They cost 19,500 won.

Here you go 20,000 won.

Here is 500 won in change.

Thank you.

어휘 확인 Vocabulary check

8과

- 한국 음식 Korean food
- 찌개/탕 stew/soup
- 김치찌개 Kimchi-jjigae
- 된장찌개 Doenjang-jjigae
- 갈비탕 Galbi-tang
- 삼계탕 Samgye-tang
- 설렁탕 Seolleong-tang
- 김밥 Gimbap
- 비빔밥 Bibimbap
- 볶음밥 Bokkeum-bap
- 제육덮밥 Jeyuk-deopbap
- 돼지국밥 Dwaeji-gukbap
- 고기 meat
- 치킨 chicken
- 삼겹살 Samgyeop-sal
- 불고기 Bulgogi
- 돈가스 Donkkas
- 닭갈비 Dak-galbi
- 물냉면 Mul-naengmyeon
- 비빔냉면 Bibim-naengmyeon
- 라면 Ramyeon(instant noodles)
- 칼국수 Kal-guksu
- 짜장면 Jja-jangmyeon
- 분식 Bun-sik
- 떡볶이 Tteok-bokki
- 순대 Sundae
- 어묵 Eo-muk
- 튀김 Twi gim
- 호떡 Ho-tteok

9과

- 콜라 cola
- 주스 juice
- 커피 coffee
- 우유 milk
- 물 water
- 맥주 beer
- 소주 Soju
- 빵 bread
- 바나나 banana
- 계란 egg
- 소시지 sausage
- 샌드위치 Sandwich
- 삼각김밥 Samgak gimbap
- 컵라면 instant cup noodles
- 햄버거 hamburger
- 치즈케이크 cheesecake
- 과자 snacks/cookies
- 아이스크림 ice-cream
- 초콜릿 chocolate
- 담배 cigarettes
- 휴지 tissue
- 교통카드 transportation card
- 우산 umbrella

5단원

UNIT 5

나랏말ᄊᆞ이
듕귁에달아
문ᄍᆞ와로서르
ᄉᆞᄆᆞᆺ디아니ᄒᆞᆯᄊᆡ

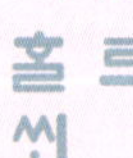

이런젼ᄎᆞ로
어린ᄇᆡᆨ셩이
니르고져
ᄒᆞᇙ배이셔

일상생활

Daily life

10 과

Chapter 10

편의점에서 우유를 사요.

I buy milk at the convenience store.

- **어휘** 동사 Verbs
- **문법 1** N을/를 V-아/어/해요
- **문법 2** N에서 V-아/어/해요
- **말하기** 일상생활 묻고 대답하기
  Asking and answering questions about daily life

어휘 Vocabulary

사람들이 무엇을 해요? 그림을 보고 이야기해 보세요.

What are the people doing in the following picture? Talk about it.

① 먹다 ② 만나다 ③ 사다

④ 마시다 ⑤ 공부하다 ⑥ 배우다

⑦ 가르치다 ⑧ 노래하다 ⑨ 운동하다

⑩ 주다 ⑪ 받다 ⑫ 아르바이트하다

⑬ 읽다 ⑭ 이야기하다 ⑮ 보다

문법 Grammar 1 N을/를 V-아/어/해요

N을/를 V-아/어/해요

· 'N을/를'은 명사 뒤에 붙어 그 명사가 동사의 목적어임을 나타내요. 명사에 받침이 있으면 'N을', 받침이 없으면 'N를'을 사용해요. 'N을/를'은 말할 때 주로 생략해요.

In the patterns 'N을' and 'N를', the particles '을' and '를' are attached to a noun so as to mark the noun as the object of a verb and they are often omitted in casual speech. The objective particle '을' is used for the noun which ends with a final consonant, and the objective particle '를' is used for the noun which ends with a vowel.

· 'V-아/어/해요'는 동사 뒤에 붙어 동사의 현재 상태를 나타내요. 주로 비격식체 말하기에서 사용해요. 동사 어간이 'ㅏ', 'ㅗ'로 끝나면 'V-아요'를, '-하다'로 끝나면 'V-해요'를, 'ㅓ, ㅜ, ㅡ, ㅣ…' 등 그 외 모음으로 끝나면 'V-어요'를 사용해요.

The '-아/어/해요' endings are is attached to the stem of a verb so as to indicate the present tense of the verb and it makes the informal polite speech. The first ending 'V-아요' is used when the last vowel of the stem of a verb is 'ㅏ' or 'ㅗ.' The second ending 'V-어요' is used after any other last vowel stem except for the two last vowels 'ㅏ' and 'ㅗ.' The final ending 'V-해요' is used when the stem of the verb ends in the 'V-하다'.

058

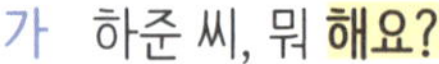

가 하준 씨, 뭐 **해요?**

나 친구**를 만나요.**

가 Hajun, what are you doing?

나 I'm meeting my friend.

059

가 다말 씨, 뭐 **해요?**

나 책**을 읽어요.**

가 Damal, what are you doing?

나 I'm reading a book.

새 어휘 및 표현 Words and Expressions

하다 to do　책 book

연습 Practice 1

보기 와 같이 'V-아/어/해요'로 바꿔 쓰세요.
Change the following dictionary forms of verbs into the pattern 'V-아/어/해요' as shown in the following 보기 .

보기 받다 → 받 + 아요 → 받아요.

'V-아요'	'V-어요'	'V-해요'
1) 보다 →	4) 먹다 →	7) 공부하다 →
2) 사다 →	5) 주다 →	8) 운동하다 →
3) 만나다 →	6) 마시다 →	9) 이야기하다 →

연습 Practice 2

보기 와 같이 사람들이 무엇을 하는지 말해 보세요.
Say what people in the picture are doing as shown in the following 보기 .

무하마드

보기
무하마드 씨가 휴대폰을 봐요.

1)

프엉

2)

잭

3)

새 어휘 및 표현 Words and Expressions

휴대폰 cell phone 돈 money

문법 Grammar 2 N에서 V-아/어/해요

N에서 V-아/어/해요

- 'N에서'는 장소를 나타내는 명사 뒤에 붙어 어떤 행동이 그 장소에서 이루어지고 있음을 나타내는 조사예요.

  In the pattern 'N에서', the locative particle '에서' is attached to a noun which is the location where an action is taking place. That is to say, the noun is the location in which the subject (i.e. the acting agent) is actually doing the action.

- 'N에'는 존재를 나타내는 동사 '있다/없다', 이동을 나타내는 동사 '가다/오다'와 함께 사용하지만 'N에서'는 행동을 나타내는 동사와 함께 사용해요.

  The locative particle '에' is followed by some stative verbs (e.g. '있다(to exist)', '살다(to live)', etc.), whereas the locative particle '에서' is in front of some dynamic verbs (e.g. '보다(to see)', '만나다(to meet)', '하다(to do)', etc.). However, the particle '에' is the directional particle when the particle is followed by directional verbs (e.g. '가다(to go)', '오다(to come)', etc.).

060

가 하준 씨, 지금 뭐 해요?
나 편의점**에서** 우유를 **사요.**

가 Hajun, what are you doing now?
나 I'm buying milk at the convenient store.

061

가 다말 씨, 지금 뭐 해요?
나 체육관**에서** **운동을 해요.**

가 Damal, what are you doing now?
나 I'm exercising at the gym.

하나 더 Extra tips

'공부하다', '노래하다', '운동하다'와 같이 '명사+하다'의 형태로 이루어진 동사는 '공부를 해요', '노래를 해요', '운동을 해요'처럼 'N+을/를 하다'의 형태로 사용할 수 있어요.

The 하다 verbs are made up a noun plus '하다'. The pattern 'N을 하다' is used for the noun which ends with a final consonant, and the pattern 'N를 하다' is used for the noun which ends with a vowel. In the patterns 'N을 해요' (e.g. '운동을 해요', etc.) and 'N를 해요' (e.g. '공부를 해요', '노래를 해요', etc.), the verb '해요' is the present tense conjugation of the verb '하다' in polite.

연습 Practice 1

둘 중 맞는 것에 '☑' 표시하세요.
Which of the two options is correct? Tick the correct word.

1) 유미 씨가 도서관(□에 □에서) 있어요.

2) 잭 씨가 도서관(□에 □에서) 공부해요.

3) 교수님이 지금 강의실(□에 □에서) 가요.

4) 학생이 강의실(□에 □에서) 한국어를 배워요.

연습 Practice 2

보기 와 같이 사람들이 어디에서 무엇을 하는지 친구와 이야기해 보세요.
Ask and answer the two questions 'Where are the people in the following pictures?' and 'What are the people in the following pictures doing?' based on the following 보기 .

보기

가 제시카 씨가 뭐 해요?

나 학생 식당에서 라면을 먹어요.

1)

2)

3)

말하기 Speaking

Haolan Jesscica, where are you now?
Jessica I'm in the cafe.
Haolan What are you doing there?
Jessica I'm drinking a cup of coffee. And I'm reading a book. What are you doing, Haolan?
Haolan I'm just at home.
Jessica Oh, is it? Then come here. Let's have a coffee together.
Haolan Okay. That sounds good.

하오란 제시카 씨, 지금 어디에 있어요?
제시카 커피숍에 있어요.
하오란 거기에서 뭐 해요?
제시카 커피를 마셔요. 그리고 책을 읽어요. 하오란 씨는 지금 뭐 해요?
하오란 그냥 집에 있어요.
제시카 아, 그래요? 그럼 여기에 오세요. 같이 커피 마셔요.
하오란 네, 좋아요.

하나 더 Extra tips

'아, 그래요?'는 상대방의 말에 가볍게 대응하거나 그 말에 놀랐을 때 사용해요.

The expression '아, 그래요?' is used to respond lightly to, and to express a surprise about, a new fact or information that the speaker has just heard from someone else, and the expression means 'Oh, is it?' or 'Is that so?'

연습 Practice

● 위의 대화를 참고하여 같은 색깔의 단어끼리 바꾸어 친구와 이야기해 보세요.
Have a talk with your friend by switching the same colors based on the previous conversation.

1) 

집
텔레비전
떡볶이

2) Piano Club

동아리방
치킨
맥주

3) 

강의실
한국친구
한국어

4) 

새 어휘 및 표현 Words and Expressions

그냥 just 집 home, house 텔레비전 television

메모

11과

Chapter 11

아르바이트가 힘들어요.

Working a part-time is hard.

- **어휘** 형용사 Adjectives
- **문법 1** A-아/어/해요
- **문법 2** ㅂ 불규칙
- **말하기** 한국 생활 묻고 대답하기
  Asking and answering questions about daily life in Korea

어휘 Vocabulary

● 사람들이 무엇을 해요? 그림을 보고 이야기해 보세요.

Ask and answer the question 'What are the people in the following picture doing?'

① 재미있다 ② 재미없다 ③ 맛있다

④ 맛없다 ⑤ 뜨겁다 ⑥ 차갑다

⑦ 어렵다 ⑧ 쉽다 ⑨ 맵다

⑩ 싸다 ⑪ 비싸다 ⑫ 힘들다

⑬ 멀다 ⑭ 가깝다 ⑮ 귀엽다

문법 Grammar 1 A-아/어/해요

A-아/어/해요

'A-아/어/해요'는 형용사 뒤에 붙어 형용사의 현재 상태를 나타내요. 주로 비격식체 말하기에서 사용해요. 형용사 어간이 'ㅏ', 'ㅗ'로 끝나면 'A-아요'를, '-하다'로 끝나면 'A-해요'를, 'ㅓ, ㅜ, ㅡ, ㅣ…' 등 그 외 모음으로 끝나면 'A-어요'를 사용해요.

The '-아/어/해요' endings are attached to the stem of an adjective so as to indicate the present tense of the adjective and it makes the informal polite speech. The first ending 'A-아요' is used when the last vowel of the stem of an adjective is 'ㅏ' or 'ㅗ.' The second ending 'A-어요' is used after any other last adjective stem except for the two last vowels 'ㅏ' and 'ㅗ.' The final ending 'A-해요' is used when the stem of the adgective ends in the '하다.'

063

가 다말 씨, 냉면**이 어때요?**

나 **맛있어요.**

가 Damal, How's Nangmyeon?

나 It's delicious.

064

가 하준 씨, 아르바이트가 어때요?

나 **힘들어요.**

가 Hajun, How's your part-time job?

나 It's hard.

하나 더 Extra tips

'N이/가 어때요?'는 상대의 생각, 느낌, 상태 등을 물을 때 사용해요.

The pattern 'N이/가 어때요?' is used when the speaker asks the hearer about his or her opinion (e.g. thoughts, feeling, state, etc.) about something.

연습 Practice 1

● 보기 와 같이 그림을 보고 쓰세요.

Tick the correct word and fill in the blanks as shown in the following 보기 .

보기

커피(□이 ☑가) 맛있어요.

1) 학교(□이 □가)

_______________.

2) 물(□이 □가)

_______________.

3) 샌드위치 (□이 □가)

_______________.

연습 Practice 2

● 보기 와 같이 친구와 말해 보세요.

Ask and answer questions about the hear's opinion of something as shown in the following 보기 .

보기

가 한국이 공부가 이떼요?

나 재미있어요.

1)

2)

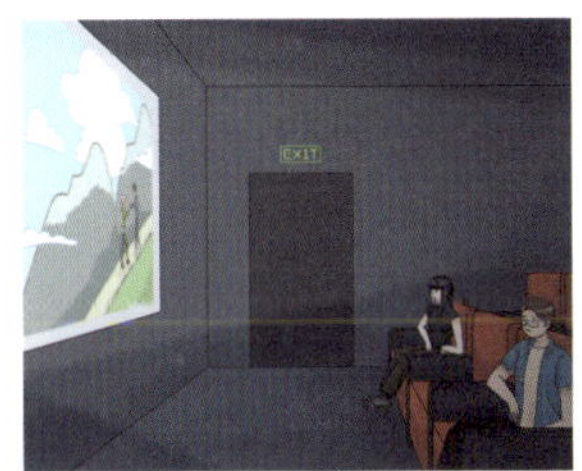

3)

문법 Grammar 2 ㅂ 불규칙

ㅂ 불규칙

'ㅂ 불규칙'은 어간이 'ㅂ'으로 끝나는 동사나 형용사 뒤에 모음이 올 때, 'ㅗ'나 'ㅜ'로 변하는 현상을 말해요. 'ㅂ'으로 끝나는 용언 중 '돕다'와 '곱다'만 'ㅗ'로 바뀌고, 나머지는 'ㅜ'로 바뀌어요.

The ㅂ irregular verbs and adjectives whose stem ends with the final consonant 'ㅂ' are irregular. When the irregular stems are followed by a vowel, the final consonant is dropped and the vowel '우' is added to the stem. The final consonant is dropped and the vowel '오' is added to the stem in the two cases the irregular verb '돕다(to help)' and the irregular adjective '곱다(to be beautiful).' It is notable that many verbs and adjectives whose stem ends with the final consonant 'ㅂ' are regular and so the final consonant does not change.

가 커피가 어때요?
나 **뜨거워요.**

가 How's the coffee?
나 It's hot.

가 한국어 공부가 어때요?
나 **어려워요.**

가 How's studying Korean?
나 It's difficult.

연습 Practice 1

보기 와 같이 'A-아/어/해요'로 바꿔 쓰세요.
Change the following adjectives into the pattern 'A-아/어/해요' as shown in the following 보기 .

보기 뜨겁다 + 아/어요 → 뜨거 + 우 + 어요→ 뜨거워요

1) 차갑다 →
2) 어렵다 →
3) 쉽다 →
4) 맵다 →
5) 가깝다 →
6) 귀엽다 →

연습 Practice 2

보기 와 같이 친구와 말해 보세요.

Ask and answer questions about the hearer's opinion of something based on the following 보기 .

보기

가 떡볶이가 매워요?

나 네, 매워요.

1)

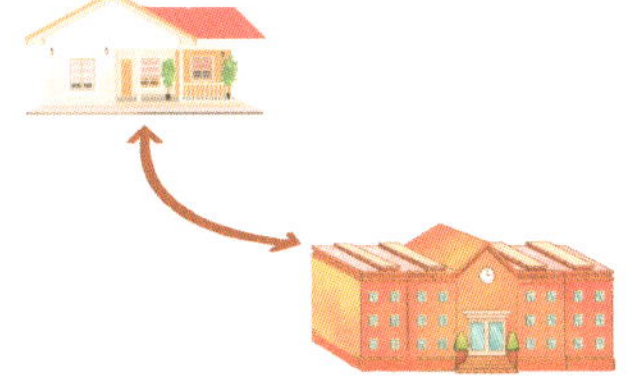

2)

3)

새 어휘 및 표현 Words and Expressions

고양이 cat

말하기 Speaking

067

Jack	Phoung, how's life in Korea?
Phoung	It's hard but interesting.
Jack	Are you working a part-time job, too?
Phoung	Yes. I'm working the part-time job in a convenience store.
Jack	How's your part-time job?
Phoung	It's good. The boss is kind.
Jack	Oh, is it?
Phoung	Yes. I also practice Korean, so it's good.

잭	프엉 씨, 한국 생활이 어때요?
프엉	힘들어요. 하지만 재미있어요.
잭	아르바이트도 해요?
프엉	네. 편의점에서 아르바이트해요.
잭	아르바이트는 어때요?
프엉	좋아요. 사장님이 친절해요.
잭	아, 그래요?
프엉	네. 한국말도 연습해요. 그래서 좋아요.

연습 Practice

위의 대화를 참고하여 같은 색깔의 단어끼리 바꾸어 친구와 이야기해 보세요.
Have a talk with your friend by switching the same colors based on the previous conversation.

1)

대학교 커피숍

2)

유학

식당

3)

외국

서점

4)

새 어휘 및 표현 Words and Expressions

생활 life 하지만 but 사장님 boss, owner 친절하다 kind 한국말 the Korean language 연습하다 to practice
그래서 so, therefore 유학 studying abroad 외국 foreign country

듣기 Listening

01 대화를 듣고 알맞은 그림을 찾으세요.

Listen to the conversation and find the appropriate picture. 068

1)  ①  ② 

2) ①  ② 

3) ①  1,000원 ②  8,000원

4) ①  ② 

02 대화를 듣고 질문에 답하세요.

Listen to the conversation and answer the questions. 069

1) 남자와 여자는 어디에서 공부해요? 알맞은 그림을 연결하세요.

Where do the man and the woman in the following pictures study? Connect the upper and lower points in the following pictures with a line.

①  ②  ③  ④ 

2) 커피가 어때요? 빈칸에 알맞은 말을 쓰세요.

How's the coffee? Fill in the blanks.

커피가 ( ). 그리고 ( ).

새 어휘 및 표현 Words and Expressions

매일 everyday 진짜 really 자주 often 다음에 next time

읽기 Reading

01 보기 에서 알맞은 질문을 골라서 빈칸에 쓰세요.

Choose the correct question from the 보기 and write it in the blank.

보기 ① 지금 뭐 해요? ② 전공 공부가 어때요? ③ 어디에서 친구를 만나요?

1) 가 ______________________________?

나 어려워요. 하지만 재미있어요.

2) 가 ______________________________?

나 학교 정문에서 만나요.

3) 가 ______________________________?

나 강의실에서 공부해요.

02 다음을 읽고 맞는 것에 'O', 틀린 것에 'X' 표시하세요.

Read the following conversation and mark 'O' if the statement is true and 'X' if it is false.

마카우: 유미 씨, 오늘 뭐 해요?

유미: 동아리방에 가요.

마카우: 거기에서 뭐 해요?

유미: 한국 노래를 배워요. 오늘은 BTS 노래를 배워요. 그리고 춤도 배워요. 마카우 씨는 오늘 뭐 해요?

마카우: 해운대에서 친구를 만나요.

유미: 해운대에서 뭐 해요?

마카우: 친구하고 같이 영화를 봐요. 그리고 불고기를 먹어요.

유미: 와! 좋겠어요.

1) 유미 씨는 노래방에서 BTS 노래를 배워요. (　　　)

2) 유미 씨하고 마카우 씨는 오늘 해운대에 가요. (　　　)

3) 마카우 씨는 친구하고 BTS 춤을 배워요. (　　　)

4) 마카우 씨는 오늘 한국 음식을 먹어요. (　　　)

새 어휘 및 표현 Words and Expressions

오늘 today　춤 dance　해운대 Haeundae beach　영화 movie　와 Wow　좋겠어요. That would be great.

쓰기 Writing

01 131쪽의 어휘와 아래 문법을 사용하여 문장을 만들어 보세요.
Write a sentence based on the words of 'Vocabulary Check' in page 131 and the following 'Grammar.'

문법 Grammars	· N을/를 V-아/어/해요.	· N에서 V-아/어/해요.
	· A-아/어/해요.	· ㅂ 불규칙

1) ....

2) ....

3) ....

4) ....

02 보기 와 같이 편의점에서 자주 사는 음식을 써 보세요.
Write foods you often buy at a convenient store as shown in the following 보기 .

보기

저는 편의점에서 자주 바나나우유를 사요.
바나나우유는 맛있어요. 그리고 싸요.
그리고 저는 삼각김밥도 자주 사요.
바나나우유하고 삼각김밥을 같이 먹어요.
진짜 맛있어요.

너랑 나랑 Talk Talk

다음 대화를 제시된 문법의 색깔에 맞춰 한국어로 바꿔 쓰세요.

Translate the following English conversation into Korean based on the colored patterns in the box.

N을/를 V-아/어/해요.	N에서 V-아/어/해요.	A-아/어/해요.	ㅂ 불규칙

What are you doing now, Gabriel?

가브리엘 씨, 지금 뭐 해요?

I'm having a coffee in the cafe. And I'm reading a book. What are you doing, Sharma? Let's have a coffee together.

Okay. That sounds good.

〈A moment later, at the cafe〉

Sharma, how's life in Korea?

It's hard but interesting.

Are you doing a part-time job, too?

Yes. I am doing the part-time job in a convenience store.

How's your part-time job?

It's good. The boss is kind. How's studying Korean, Gabriel?

Korean is difficult.

어휘 확인 Vocabulary check

10과

- 먹다 to eat
- 만나다 to meet
- 사다 to buy
- 마시다 to drink
- 공부하다 to study
- 배우다 to learn
- 가르치다 to teach
- 노래하다 to sing
- 운동하다 to exercise
- 주다 to give
- 받다 to receive
- 아르바이트하다 to do a part-time job
- 읽다 to read
- 이야기하다 to talk
- 보다 to see, look, watch

11과

- 재미있다 interesting, fun
- 재미없다 not interesting, not fun
- 맛있다 to be delicious
- 맛없다 not to be delicious
- 뜨겁다 to be hot
- 차갑다 to be cold
- 어렵다 to be difficult
- 쉽다 to be easy
- 맵다 to be spicy
- 싸다 to be cheap
- 비싸다 to be expensive
- 힘들다 to be hard, and to be tough
- 멀다 to be far
- 가깝다 to be close, and to be near
- 귀엽다 to be cute

6단원

UNIT 6

나랏말ᄊᆞ이
듕귁에달아
문ᄍᆞ와로서르
ᄉᆞᄆᆞᆺ디아니ᄒᆞᆯᄊᆡ

이런젼ᄎᆞ로
어린빅셩이
니르고져
ᄒᆞᇙ배이셔

학교생활

School life

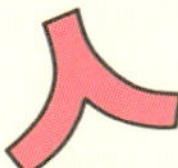
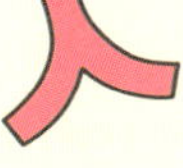

12과

Chapter 12

여름방학이 언제예요?

When does the summer vacation start?

- **어휘** 학사 일정 Academic calendar
- **문법 1** N이/가 언제예요?
- **문법 2** N에(시간)
- **말하기** 학사 일정 묻고 대답하기
  Asking and answering question about academic calendar

어휘 Vocabulary

01 다음은 대학교 학사 일정이에요. 6월에 무슨 일정이 있어요?

This is the university academic calendar. What events or activities are scheduled for June?

학사 일정

1학기		2학기	
1월 (일월)	겨울방학	7월 (칠월)	여름방학
2월 (이월)	겨울방학, 수강 신청	8월 (팔월)	여름방학, 수강 신청
3월 (삼월)	개강	9월 (구월)	개강
4월 (사월)	중간고사	10월 **(시월)**	추석 휴강, 중간고사
5월 (오월)	축제	11월 (십일월)	체육대회
6월 **(유월)**	보강, 기말고사, 여름방학	12월 (십이월)	보강, 기말고사, 겨울방학

6월

MON	TUE	WED	THU	FRI	SAT	SUN
1	2	3	4	5	6	7
8	9	10	11	12	13	14
←		보강		→		
15	16	17	18	19	20	21
←		기말고사		→		
22	23	24	25	26	27	28
여름방학						
29	30					

02 위의 달력을 보고, 보기 와 같이 6월의 일정을 말해 보세요.

Say events or activities that happen in June, based on the university academic calendar in 보기.

JUN
17
기말고사

보기

기말고사는 유월 십칠 일이에요.

하나 더 Extra tips

날짜는 'N월 N일이에요.'로 말해요. N에는 한자어 수를 사용해요.

In the pattern 'N월 N일이에요.', Sino-Korean numerals are used as the nouns which are followed by '월(month)' and '일(day).'

N이/가 언제예요?

'N이/가 언제예요?'는 어떤 사건, 행사, 약속 등의 시간이나 시기에 대해 물을 때 사용해요. 구체적인 날짜를 물을 때는 'N이/가 몇 월 며칠이에요?'를 사용해요.

The pattern 'N이/가 언제예요?' is used to inquire about time of an event, an occasion, an appointment, or a specific occurrence. The pattern 'N이/가 몇 월 며칠이에요?' is used to inquire the exact date.

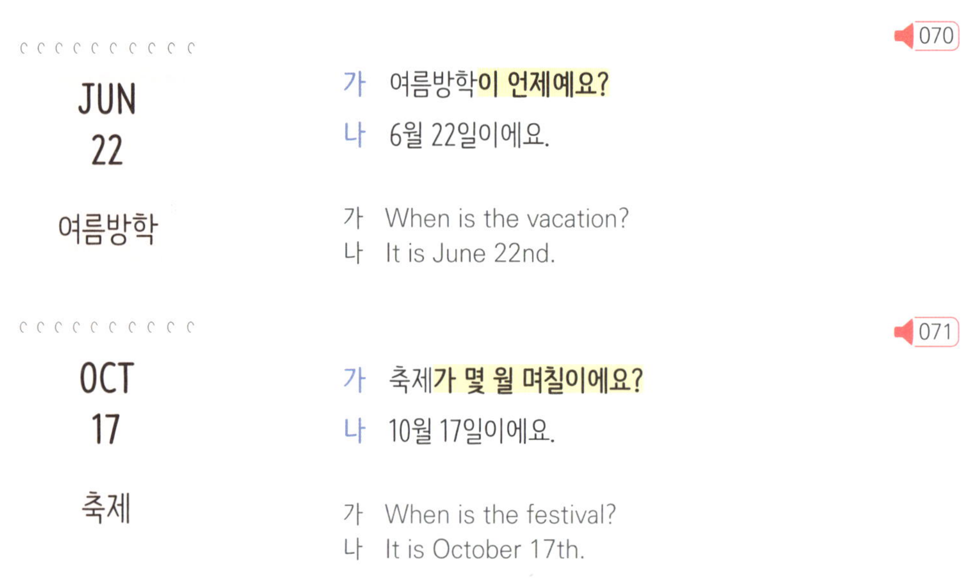

070

가 여름방학**이 언제예요?**
나 6월 22일이에요.

가 When is the vacation?
나 It is June 22nd.

071

가 축제**가 몇 월 며칠이에요?**
나 10월 17일이에요.

가 When is the festival?
나 It is October 17th.

연습 Practice 1

보기 와 같이 날짜를 써 보세요.

Fill in the blanks as shown in the following 보기 .

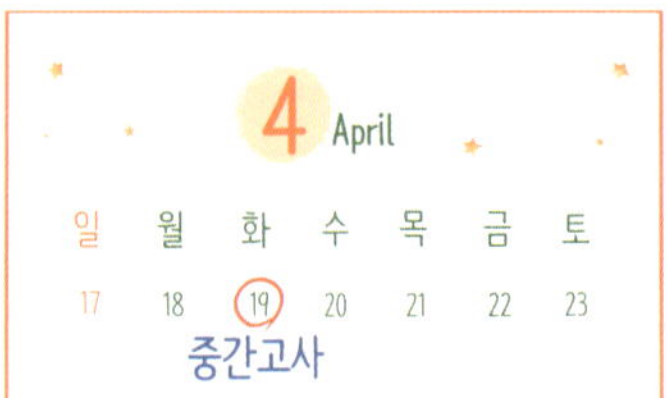

보기
중간고사는 사월 십구일이에요.

1) 크리스마스는
___월 ______일이에요.

2) 2학기 개강은
___월 ______일이에요.

3) 체육대회는
___월 ______일이에요.

연습 Practice 2

보기 와 같이 학사일정을 묻고 대답해 보세요.

Ask and answer questions about the following academic calendar as shown in the following 보기 .

보기

가 겨울방학이 언제예요?

나 12월 20일이에요.

1)

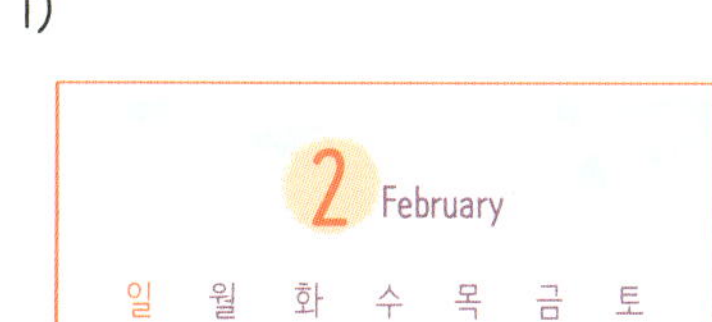

2)

3)

새 어휘 및 표현 Words and Expressions

크리스마스 Christmas

N에(시간)

'N에(시간)'는 날짜, 요일, 기간, 시간, 특정한 날을 나타내는 명사 뒤에 사용해요. 단, '오늘, 내일, 어제, 지금, 매일, 언제'는 '에'를 붙이지 않아요.

In the pattern 'N에', the particle '에' is added to nouns that indicate time (e.g. date, day of the week, period, hour, and a specific day) and expresses the time when some action, events or situation occurs. However, the particle '에' is not attached to '오늘(today)', '내일(tomorrow)', '어제(yesterday)', '지금(now)', '매일(everyday)', and '언제(when).'

072

가 주말**에** 뭐 해요?
나 해운대에 가요.

가 What do you do on weekends?
나 I go to the Haeundae beach.

연습 Practice 1

● 보기 와 같이 무엇을 하는지 쓰세요.

Write what events or activities happen in December according to the following schedule as shown in the following 보기 .

12월

월요일 MON	화요일 TUE	수요일 WED	목요일 THU	금요일 FRI	토요일 SAT	일요일 SUN
21	22	23	24	25	26	27
보기 겨울방학		1)		크리스마스 2)		3)

새 어휘 및 표현 Words and Expressions

주말 weekend　요일 day of the week

보기 겨울방학에 우리나라에 가요.

1) 수요일______ ________________________.

2) 크리스마스______ ________________________.

3) 12월 27일______ ________________________.

연습 Practice 2

보기 와 같이 일정을 이야기해 보세요.

Ask and answer questions about the following schedule in November as shown in the following 보기 .

보기

가 수요일에 / 11월 11일에 뭐 해요?

나 체육대회를 해요.

11월

월	화	수	목	금	토	일
9	10	11	12	13	14	15
		보기			제주도	

새 어휘 및 표현 Words and Expressions

제주도 Jeju Island

말하기 Speaking

073

6월				
월요일	화요일	수요일	목요일	금요일
15	16	17	18	19
← 기말고사 →				
			한국어1	

Kana Jack, when is the final exam?
Jack It takes place 15 June and ends 19 June.
Kana When is the exam of 'Korean 1'?
Jack It takes place on Thursday.
Kana Ah, I see. Are there more exams on Thursday?
Jack No, only the exam of 'Korean 1.'
Kana That would be great. I have three exams on Thursday.
Jack That would be tough. Let's study hard together.

카나 잭 씨, 기말고사가 언제예요?
잭 6월 15일부터 19일까지예요.
카나 '한국어 1' 시험이 언제예요?
잭 목요일이에요.
카나 아, 그렇군요. 목요일에 시험이 더 있어요?
잭 아니요. '한국어 1' 시험만 있어요.
카나 좋겠어요. 저는 목요일에 시험이 3개 있어요.
잭 힘들겠어요. 우리 같이 열심히 공부해요.

하나 더 Extra tips

시간의 범위를 표현할 때에는 'N부터 N까지'를 사용해요. 'N부터'와 'N까지'는 각각 생략하여 사용할 수 있어요.
The pattern 'N부터 N까지' is used to express a range of time. The patterns 'N부터' and 'N까지' can be used separately.

연습 Practice

위의 대화를 참고하여 같은 색깔의 단어끼리 바꾸어 친구와 이야기해 보세요.
Have a talk with your friend by switching the same colors based on the previous conversation.

1)

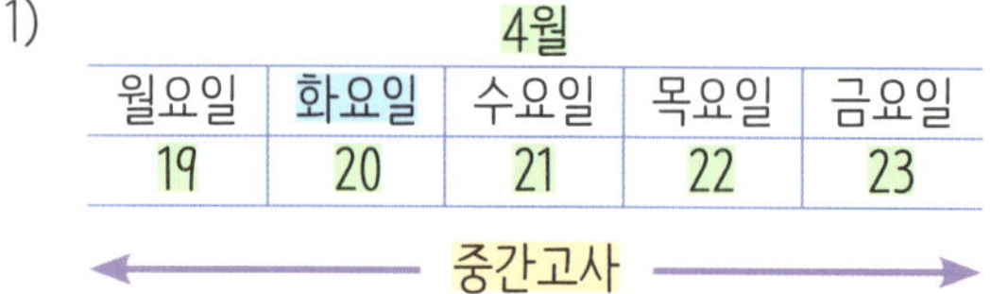

4월				
월요일	화요일	수요일	목요일	금요일
19	20	21	22	23
← 중간고사 →				

2)

12월				
월요일	화요일	수요일	목요일	금요일
2	3	4	5	6
← 보강 →				

3)

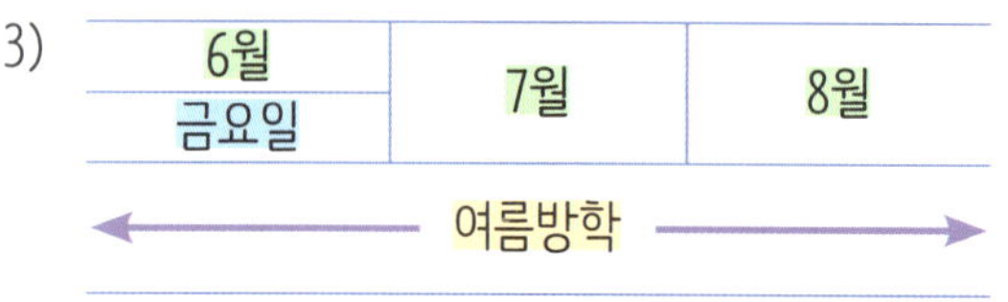

6월 금요일	7월	8월
← 여름방학 →		

4)

새 어휘 및 표현 Words and Expressions

N만 only N 그렇군요. I see. 힘들겠어요. That would be tough. 열심히 hard

메모

13과
Chapter 13

어제 시험을 쳤어요.
I took an exam yesterday.

- **어휘** 시험 Exam
- **문법 1** V/A-았/었/했어요
- **문법 2** 안 V/A
- **말하기** 시험 결과 묻고 대답하기
  Asking and answering questions about exam results

01 하오란 씨의 성적표예요. 성적이 어때요?

This is Haolan's academic record. How's his GPA?

2학기 성적 조회

학번	202495104	이름	하오란
학과	경영학과	학년	1

교과구분	교과목명	학점	점수	등급
전공기초	한국어 1	2	95	A+
전공필수	경영학개론	3	98	A+
전공선택	마케팅원론	3	83	B
교양선택	노래로 배우는 한국어	2	79	C+
⋮	⋮	⋮	⋮	⋮

신청학점	19	취득학점	19	평균평점	4.12

02 보기 와 같이 지난 학기 여러분의 성적을 써 보세요.

Write your academic record of the last semester as shown in the following 보기 .

교과구분	교과목명	학점	점수	등급
보기 전공기초	한국어 읽기	2	88	B+

문법 Grammar 1 V/A-았/었/했어요

V/A-았/었/했어요

'V/A-았/었/했어요.'는 형용사와 동사의 과거를 나타내요. 주로 비격식체 말하기에서 사용해요. 동사나 형용사 어간이 'ㅏ', 'ㅗ'로 끝나면 'V-았어요'를, '-하다'로 끝나면 'V-했어요'를, 'ㅓ, ㅜ, ㅡ, ㅣ…' 등 그 외 모음으로 끝나면 'V-었어요'를 사용해요.

In the pattern 'V/A-았/었/했어요.' is attached to the stem of a verb or an adjective so as to indicate the past tense of the verb or the adjective respectively. First, the pattern 'V/A-았어요' is used when the last vowel of the stem of a verb and an adjective is 'ㅏ' or 'ㅗ'. Second, the pattern 'V/A-었어요' is used after any other last verb stem or last adjective stem except for the two last vowels 'ㅏ' and 'ㅗ'. Finally, the pattern 'V/A-했어요' is used when the last vowel of the stem of a verb and an adjective is after the stem of the auxiliary verb '하다'.

074

가 어제 뭐 **했어요**?
나 시험을 **쳤어요**.

가 What did you do yesterday?
나 I took an exam.

새 어휘 및 표현 Words and Expressions

어제 yesterday 시험 test, exam 치다 to take (an exam)

연습 Practice 1

보기 와 같이 'V/A-았/었/했어요'로 바꿔 쓰세요.

Change the following verbs and adjectives into the pattern 'V/A-았/었/했어요' as shown in the following 보기 .

보기 먹다 → 먹 + 었어요 → 먹었어요

'V/A-았어요'	'V/A-했어요'
1) 오다 →	5) 공부하다 →
2) 받다 →	6) 이야기하다 →
3) 작다→	7) 깨끗하다 →
4) 비싸다 →	8) 유명하다 →
'V/A-었어요'	**ㅂ불규칙**
9) 주다 →	13) 맵다 →
10) 읽다 →	14) 귀엽다 →
11) 힘들다 →	15) 가깝다 →
12) 재미있다 →	16) 어렵다 →

연습 Practice 2

보기 와 같이 지난주 일정표를 보고 친구와 이야기해 보세요.

Ask and answer questions about the schedule in the last week as shown in the following 보기 .

보기

가 지난주 화요일에 뭐 했어요?

나 친구를 만났어요.

월	화	수	목	금	토	일
	보기			가나다라		

새 어휘 및 표현 Words and Expressions

작다 small 깨끗하다 clean 유명하다 famous 지난주 last week

문법 Grammar 2 안 V/A

안 V/A

- '안'은 동사와 형용사 앞에 붙어 부정적인 표현을 만들 때 사용해요. 동사와 형용사가 '-하다'로 끝날 경우, 동사는 'V+안+하다'로, 형용사는 '안+A+하다'로 사용해요. 단, '공부하다', '운동하다', '청소하다'와 같이 'N+하다' 동사의 경우, '하다' 앞에 '안'을 사용해요.

  The negative adverb '안' is followed by verbs and adjectives so as to make negative sentences.

- '있다'의 부정적인 표현은 '안+있다'가 아닌 '없다'로 사용해요. 예를 들어, '재미있어요'의 부정적인 표현은 '재미없어요', '맛있어요'는 '맛없어요'로 사용해요.

  The negative form of the adjective '있다' is not the expression '안 있다' but the adjective '없다.' The negative form of the adjectives '재미있어요' and '맛있어요' is the adjective '재미없어요' and the adjective '맛없어요', respectively.

075

가 주말에 친구를 만났어요?
나 아니요, **안 만났어요**.

가 Did you meet your friend over the weekend?
나 No, I didn't.

연습 Practice 1

● 보기 와 같이 '안'을 사용하여 문장을 완성하세요.

Fill in the blanks by using the negative adverb '안' based on the following 보기 .

보기
커피를 안 마셔요.

1) 책을 ______ ________________.

2) 운동을 ______ ________________.

3) 화장실이 ______ ________________.

4) 김치가 ________________.

연습 Practice 2

● '안 V/A'을 사용하여 친구와 이야기해 보세요.

Ask and answer questions by using the negative adverb '안' as shown in the following 보기.

보기

가 일본어를 배웠어요?

나 아니요, 안 배웠어요.

1)

2)

3)

새 어휘 및 표현 Words and Expressions

일본어 Japanese

말하기 Speaking

Jessica　Gabriel, how was the 'Korean 2' exam?
Gabriel　It was very difficult. How about you, Jessica?
Jessica　It was alright for me.
How was your 'Korean 1' grade last semester?
Gabriel　I got an A+. How about you, Jessica?
Jessica　My grade wasn't good.
Gabriel　Oh, really? What did you get?
Jessica　I got a B. So I studied hard this semester.
Gabriel　Wow! That's impressive!

제시카　가브리엘 씨, '한국어 2' 시험이 어땠어요?
가브리엘　너무 어려웠어요. 제시카 씨는요?
제시카　저는 괜찮았어요. 지난 학기 '한국어 1' 성적이 어땠어요?
가브리엘　A+ 받았어요. 제시카 씨는요?
제시카　저는 성적이 안 좋았어요.
가브리엘　아, 그래요? 뭐 받았어요?
제시카　저는 B 받았어요. 그래서 이번 학기에 열심히 공부했어요.
가브리엘　와! 대단해요!

하나 더 Extra tips

'이름+씨는요?'는 앞서 물은 질문을 반복하지 않고 다시 물을 때 사용해요.

The pattern '이름-씨는요?' is a polite and formal way to ask someone about themselves after they have asked about you. The word '이름' means 'name' and '-씨' is a honorific suffix used to address someone politely. The particle '는' is used to indicate the topic of the sentence, which in this case is the person you are asking about. Finally, '-요' is a polite sentence ending particle.

새 어휘 및 표현 Words and Expressions

너무 very　아직 yet　괜찮다 okay, alright　대단해요. That's impressive.

연습 Practice

위의 대화를 참고하여 같은 색깔의 단어끼리 바꾸어 친구와 이야기해 보세요.
Have a talk with your friend by switching the same colors based on the previous conversation.

새 어휘 및 표현 Words and Expressions

한국문화의 이해 Understanding Korean culture　초급 Beginner-level　TOPIK Test of Proficiency in Korean

듣기 Listening

01 대화를 듣고 알맞은 것을 고르세요.
Listen carefully and choose the correct answer. 077

1) ① 3월 ② 6월 ③ 10월

2) ① 4일 ② 14일 ③ 24일

3) ① 월요일 ② 수요일 ③ 토요일

02 잘 듣고 질문에 답하세요.
Listen to the conversation and answer the following questions. 078

1) 마카우 씨는 주말에 무엇을 했어요?
What did Macau do over the weekend?

① 영화를 봤어요.
② 축제에 갔어요.
③ 동아리방에 갔어요.
④ 프엉 씨를 만났어요.

2) 축제가 언제예요? 모두 고르세요.
When is the festival? Choose all that apply.

① 화요일 ② 목요일 ③ 금요일 ④ 일요일

새 어휘 및 표현 Words and Expressions

준비하다 to prepare 초대장 invitation card 만들다 to make

읽기 Reading

01 다음을 읽고 내용과 같은 것을 고르세요.
Read the passage and choose the correct statement.

1) 다음 주 월요일에 시험이 있어요. 시험이 어려워요.
그래서 매일 도서관에 가요. 도서관에서 친구하고 공부를 해요.

① 시험이 쉬웠어요.
② 매일 시험이 있어요.
③ 도서관에서 친구를 만나요.

2) 9월 20일부터 23일까지 추석 연휴예요. 추석 연휴에는 수업을 안 해요.
휴강을 해요. 그래서 12월에 보강을 해요.

① 추석 연휴에 수업이 없어요.
② 9월 20일에 보강을 해요.
③ 12월에 수업을 안 해요.

02 다음을 읽고 맞는 것에 'O', 틀린 것에 'X' 표시하세요.
Read the following and mark 'O' if the statement is true and 'X' if it is false.

1학기 성적 조회

학번	202487059	이름	무하마드
학과	컴퓨터공학	학년	1

성적 정보

교과구분	교과목명	학점	점수	등급
전공기초	한국어 1	2	95	B
전공필수	프로그래밍 언어	3	98	A+
⋮	⋮	⋮	⋮	⋮

신청학점	17	취득학점	15	평균평점	3.95

1) 무하마드 씨는 컴퓨터공학 전공이에요. (　　　)

2) 무하마드 씨는 전공기초 수업을 신청 안 했어요. (　　　)

3) 무하마드 씨는 17학점을 취득했어요. (　　　)

새 어휘 및 표현 Words and Expressions

수업 class　연휴 holidays　프로그래밍 언어 programming languages

쓰기 Writing

01 154쪽의 어휘와 아래 문법을 사용하여 문장을 만들어 보세요.
Write a sentence based on the words of 'Vocabulary Check' in page 154 and the following 'Grammar.'

문법 Grammars		
	· N이/가 언제예요?	· N에(시간)
	· V/A-았/었/했어요.	· 안 V/A

1) ....
2) ....
3) ....
4) ....

02 보기 와 같이 2학기 학사 일정을 써 보세요.
Write the academic calendar of the second semester based on the following 보기 .

보기

오늘 1학기 학사 일정을 봤어요.
3월 2일에 개강을 해요.
4월에 중간고사를 쳐요.
5월에 축제가 있어요.
6월에 보강하고 기말고사가 있어요.
6월 24일부터 8월 31일까지 여름방학이에요.

오늘 2학기 학사 일정을 봤어요.
....
....
....
....
....

너랑 나랑 Talk Talk

다음 대화를 제시된 문법의 색깔에 맞춰 한국어로 바꿔 쓰세요.

Translate the following English conversation into Korean based on the colored patterns in the box.

N이/가 언제예요?	N에(시간)	V/A-았/었/했어요.	안 V/A

Sharma, did you take your final exams?
샤르마 씨, 기말고사를 쳤어요?

Yes, I took them last Tuesday. How were the exams?

They were not difficult. Did you also take your final exams?

Yes. The exams were easy for me, too.

How was your performance in the last semester's 'Korean 1'?

I got an A+. How about you, Haolan?

Me, too.

Haolan, when is the vacation?

It's starts 24 June and ends August.

Oh, I've got it.

어휘 확인 Vocabulary check

12과

- 년 year
- 월 month
- 일 day
- 1월 January
- 2월 February
- 3월 March
- 4월 April
- 5월 May
- 6월 June
- 7월 July
- 8월 August
- 9월 September
- 10월 October
- 11월 November
- 12월 December
- 학사 일정 academic calendar
- 개강 the start of the class
- 수강 신청 course registration
- 축제 festival
- 체육대회 athletic meeting
- 추석 Chuseok, Korean Thanksgiving day
- 휴강 lecture cancellation
- 보강 makeup class
- 중간고사 midterm exams
- 기말고사 final exams
- 겨울방학 winter vacation
- 여름방학 summer vacation

13과

- 성적 grades
- 조회 inquiry
- 정보 information
- 학번 student ID
- 이름 name
- 학과 department
- 학년 year, and grade level
- 교과 구분 curriculum division
- 전공기초 basic major
- 전공필수 required subject
- 전공선택 major selection
- 교양선택 liberal arts selection
- 교과목명 course title
- 학점 credits
- 점수 score
- 등급 grade
- 신청학점 registered credits
- 취득학점 earned credits
- 평균 평점 GPA

메모

7단원

UNIT 7

나랏말ᄊᆞ이
듕귁에달아
문ᄍᆞ와로서르
ᄉᆞᄆᆞᆺ디아니ᄒᆞᆯᄊᆡ

이런젼ᄎᆞ로
어린ᄇᆡᆨ셩이
니르고져
ᄒᆞᇙ배이셔

계획

Plan

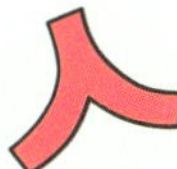

14과 **방학에 여행할 거예요.**

I'm going to travel during the vacation.

15과 **제주도에 가고 싶지만 좀 비싸요.**

I want to go to Jeju Island, but it's a little expensive.

14과
Chapter 14

방학에 여행할 거예요.
I'm going to travel during the vacation.

- **어휘** 방학 활동 Vacation activities
- **문법 1** V-(으)ㄹ 거예요(계획)
- **문법 2** V-고 싶어요
- **말하기** 방학 계획 묻고 대답하기 Asking and answering questions about vacation plans

01 방학에 무엇을 해요? 그림을 보고 이야기해 보세요.

What do people do during the vacation? Look at the picture and talk about it.

① 여행하다

② 운전면허증을 따다

③ 유튜브를 시작하다

④ 외국어를 공부하다

⑤ 자격증을 따다

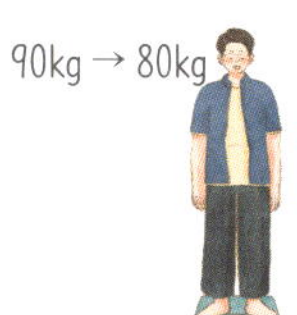

⑥ 살을 빼다/다이어트하다

⑦ 공연을 보다

⑧ 축제에 가다

⑨ 면접을 보다

⑩ 취업준비를 하다

⑪ 요리를 배우다

⑫ 공모전을 준비하다

⑬ 박물관에 가다

⑭ 전시회에 가다

⑮ 일하다

02 보기 와 같이 방학에 무엇을 하는지 말해 보세요.

Say what you do during the vacation based on the following example.

보기

방학에 커피숍에서 일해요./아르바이트해요.

문법 Grammar 1 V-(으)ㄹ 거예요(계획)

V-(으)ㄹ 거예요(계획)

'V-(으)ㄹ 거예요.(계획)'은 미래의 일정이나 계획을 말할 때 사용해요. 동사에 받침이 있으면 'V-을 거예요', 받침이 없거나 받침 'ㄹ'이 있으면 'V-ㄹ 거예요'를 사용해요.

The pattern 'V-(으)ㄹ 거예요.' is used to express a future plan or action, that is to say to talk about a fixed plan for the future. The pattern 'V-ㄹ 거예요' is used when the stem of a verb ends with a vowel or the stem of the verb ends with the final consonant 'ㄹ', but the pattern 'V-을 거예요' is used when the stem of a verb ends with any other final consonants except for the final consonant 'ㄹ.'

가 다말 씨, 방학에 뭐 **할 거예요**?

나 **여행할 거예요**.

가 Damal, what are you going to do during the vacation?

나 I'm going to travel.

가 하준 씨, 오늘 저녁에 뭐 **먹을 거예요**?

나 냉면을 **먹을 거예요**.

가 Hajun, what are you going eat this evening?

나 I'm going to eat Nangmyeon.

연습 Practice 1

● 보기 와 같이 그림을 보고 쓰세요.

Fill in the blank as shown in the 보기 .

보기

방학에 요리를 배울 거예요.

1) 방학에 책을 ____________. 2) 추석에 살을 ____________. 3) 크리스마스에 공연을 ____________.

연습 Practice 2

보기 와 같이 친구와 말해 보세요.

Ask and answer questions about a vacation plan, based on the following 보기 .

보기

가 방학에 뭐 할 거예요?

나 박물관에 갈 거예요.

1)

2)

3)

문법 Grammar 2 V-고 싶어요

V-고 싶어요

'V-고 싶어요'는 어떤 일을 하려는 의도나 욕구가 있을 때 사용해요.

The pattern 'V-고 싶어요' is used to express wishes or hope of something.

081

가 하준 씨, 방학에 뭐 **하고 싶어요**?

나 **아르바이트하고 싶어요**.

가 Hajun, What do you want to do during the vacation?

나 I want to work a part-time job.

082

가 다말 씨, 점심에 뭐 **먹고 싶어요**?

나 불고기를 **먹고 싶어요**.

가 What do you want to eat for lunch?

나 I want to eat Bulgogi.

연습 Practice 1

보기 와 같이 'V-고 싶어요'를 사용해 그림을 보고 쓰세요.

Fill in the blanks by using the pattern 'V-고 싶어요' as shown in the following 보기 .

보기

외국어를 공부하고 싶어요.

새 어휘 및 표현 Words and Expressions

점심 lunch

1) A+를

2) 운전면허증을

3) 한국 회사에서

___________.

___________.

___________.

연습 Practice 2

보기 와 같이 무엇을 하고 싶은지 친구와 말해 보세요.

Ask and answer questions about what the people in the following pictures want to do as shown in the following 보기 .

크리스마스

보기

가 크리스마스에 뭐 하고 싶어요?

나 가족하고 파티하고 싶어요.

1)

방학

2)

생일

3)

새 어휘 및 표현 Words and Expressions

회사 company 가족 family 파티하다 to have a party 생일 birthday

말하기 Speaking

083

Jessica Muhammad, what are you going to do during the vacation?

Muhammad I'm going to return my home country. What about you, Jessica?

Jessica I will be preparing for getting a job in Korea.

Muhammad Oh, that would be tough.
Are you going to have a job interview as well?

Jessica I want to, but I'm not sure yet.
What are you going to do in your home country?

Muhammad I'm going to travel Samarkand. That is very beautiful.

Jessica Oh, that would be great. I also want to go there.

Muhammad Then let's go together next time.

제시카 무하마드 씨, 방학에 뭐 할 거예요?

무하마드 고향에 돌아갈 거예요. 제시카 씨는요?

제시카 저는 한국에서 취업준비를 할 거예요.

무하마드 아, 힘들겠어요. 면접도 볼 거예요?

제시카 면접도 보고 싶어요. 하지만 아직 모르겠어요. 무하마드 씨는 고향에서 뭐 할 거예요?

무하마드 저는 친구하고 사마르칸트에 갈 거예요. 거기가 아주 아름다워요.

제시카 아, 좋겠어요. 저도 거기에 가고 싶어요.

무하마드 그럼 다음에 같이 가요.

새 어휘 및 표현 Words and Expressions

돌아가다 to return 사마르칸트 Samarkand 아름답다 beautiful

연습 Practice

위의 대화를 참고하여 같은 색깔의 단어끼리 바꾸어 친구와 이야기해 보세요.
Have a talk with your friend by switching the same colors based on the previous conversation.

1) 

서울에 가다
서울
경복궁

2) 

제주도에 가다
제주도
한라산

3) 

부산에 가다
부산
해운대

4) 

새 어휘 및 표현 Words and Expressions

경복궁 Gyeongbokgung Palace　한라산 Hallasan Mountain

15과
Chapter 15

제주도에 가고 싶지만 좀 비싸요.

I want to go to Jeju Island, but it's a little expensive.

- **어휘** 여행지 Tourist sites
- **문법 1** V/A-지만
- **문법 2** V/A-고(나열)
- **말하기** 여행 계획 묻고 대답하기
  Asking and answering questions about travel plans

어휘 Vocabulary

01 제주도에서 무엇을 하고 싶어요? 그림을 보고 이야기해 보세요.
What do you want to do in Jeju Island? Have a talk, based on the following pictures.

① 수영하다

② 스노클링하다

③ 서핑하다

④ 등산하다

⑤ 구경하다

⑥ 사진을 찍다

⑦ 관광지를 방문하다

⑧ 숙소를 예약하다

⑨ 비행기 표를 예매하다

⑩ 맛집을 찾다

⑪ 해녀

⑫ 돌하르방

⑬ 흑돼지

⑭ 한라봉

⑮ 기념품

02 보기 와 같이 제주도에서 하고 싶은 활동을 말해 보세요.
Say what you want to do in Jeju Island, based on the following 보기 .

보기

제주도에서 수영하고 싶어요.

문법 Grammar 1 V/A-지만

V/A-지만

'V/A-지만'은 앞에 오는 말과 반대되거나 다른 사실을 덧붙일 때 쓰는 연결 어미예요. '하지만'과 같은 뜻인데 '하지만'은 문장과 문장을 연결하고, 'V/A-지만'은 동사/형용사와 동사/형용사를 연결해요.

In the patterns 'V/A-지만', the connective ending '지만' is used to recognize the truth of the preceding statement and to add facts that are the opposite of it or different, and the connective ending is similar to the adverb '하지만', which is used to introduce something that contrasts with what a person has just said, or to introduce something that adds to what the person has just said. The connecting ending '지만' is attached to the stem of a verb or an adjective, but the adverb '하지만' connects two sentences.

가 하준 씨, 제주도에 여행 갈 거예요?

나 음, 제주도에 **가고 싶지만** 좀 비싸요.
다음에 갈 거예요.

가 Hajun, are you going to travel Jeju Island?

나 Um, I want to, but it's a little expensive.
I will go next time.

085

가 다말 씨, 떡볶이 맛이 어때요?

나 **맵지만** 맛있어요.

가 Damal, how does the Tteok-bokki taste?

나 It's spicy but delicious.

연습 Practice 1

보기 와 같이 '하지만'과 'V/A-지만'을 사용해 빈칸을 완성하세요.
Fill in the blanks by using the adverb '하지만' and the pattern 'V/A-지만' as shown in the following 보기 .

보기 사진을 찍고 싶어요. 하지만 휴대폰이 없어요. = 사진을 찍고 싶지만 휴대폰이 없어요.

1) 숙소를 예약하고 싶었어요. ________________ 방이 없었어요.

= 숙소를 ____________________ 방이 없었어요.

2) 한국어가 어려워요. ________________ 재미있어요.

= 한국어가 ____________________ 재미있어요.

연습 Practice 2

보기 와 같이 'V/A-지만'을 사용해 질문에 대답해 보세요.
Answer the following questions by using the patterns 'V/A-지만' as shown in the following 보기 .

보기

Q 한국 생활이 어때요?

A 힘들지만 재미있어요/ 재미있지만 힘들어요/ 힘들지만 음식이 맛있어요/ 재미있지만 한국어가 어려워요…

1) 대학교 생활이 어때요?

2) 전공 공부가 어때요?

3) 한국 음식이 어때요?

새 어휘 및 표현 Words and Expressions

방 room

문법 Grammar 2 V/A-고(나열)

V/A-고(나열)

'V/A-고(나열)'은 두 가지 이상의 서로 비슷한 사실을 나열할 때 쓰는 연결 어미예요. '그리고'와 같은 뜻인데 '그리고'는 문장과 문장을 연결하고, 'V/A-고'는 동사/형용사와 동사/형용사를 연결해요.

'V/A-고' is used to list two or more (unrelated) actions, states, and facts, and is similar to the adverb '그리고' which is used to connect the preceding statement with the following one. The connector '-고' is attached to the stem of a verb or an adjective, but the adverb '그리고' connects two sentences.

086

가 하준 씨, 제주도에서 뭐 할 거예요?
나 **수영하고** 등산할 거예요.

가 Hajun, what are you going to do in Jeju Island?
나 I'm going to swim and hike.

087

가 다말 씨, 삼각김밥이 어때요?
나 **싸고** 맛있어요.

가 Damal, how's the Samgak gimbap?
나 It's cheap and tasty.

연습 Practice 1

보기 와 같이 '그리고'와 'V/A-고'를 사용해 빈칸을 완성하세요.
Fill in the blanks by using the adverb '그리고' and the pattern 'V/A-고' as shown in the following 보기 .

보기 서핑할 거예요. 그리고 스노클링도 할 거예요. = 서핑하고 스노클링도 할 거예요.

1) 흑돼지를 먹었어요. ________________ 한라봉도 먹었어요.

= 흑돼지를 ________________ 한라봉도 먹었어요.

2) 김치찌개가 뜨거워요. ________________ 매워요.

= 김치찌개가 ________________ 매워요.

연습 Practice 2

보기 와 같이 'V/A-고'를 사용해 질문에 대답해 보세요.
Answer the following questions by using the pattern 'V/A-고' as shown on the following 보기 .

보기

Q 제주도에서 뭐 하고 싶어요?

A 사진을 찍고 시장을 구경하고 싶어요/ 바다를 보고 사진을 찍고 싶어요/ 맛집에 가고 기념품을 사고 싶어요…

1) 방학에 뭐 하고 싶어요?

2) 주말에 뭐 하고 싶어요?

3) 고향에서 뭐 하고 싶어요?

새 어휘 및 표현 Words and Expressions

시장 traditional market 바다 sea

말하기 Speaking

088

Yumi What are you going to do in Jeju Island, Macau?

Macau I'm going to travel with my parents. We will eat Jeju food and also go hiking at Hallasan Mountain.

Yumi Wow, that would be great! Jeju food is very tasty. You must try black pork belly. It's delicacy.

Macau Oh, is it? Is the black pork belly expensive?

Yumi Yes, it's a little expensive but it tastes really good. By the way, are you really going to hike at Hallasan Mountain? It's very tough.

Macau Yes, hiking is difficult but I definitely want to do it.

유미 마카우 씨, 제주도에서 뭐 할 거예요?

마카우 부모님하고 여행할 거예요. 제주도 음식도 먹고 한라산 등산도 할 거예요.

유미 와, 좋겠어요. 제주도 음식이 아주 맛있어요. 흑돼지 삼겹살이 별미예요.

마카우 아, 그래요? 흑돼지 삼겹살이 비싸요?

유미 네, 조금 비싸지만 정말 맛이 좋아요. 그런데 한라산 등산을 진짜 할 거예요? 아주 힘들어요.

마카우 네, 등산이 힘들지만 꼭 하고 싶어요.

연습 Practice

위의 대화를 참고하여 같은 색깔의 단어끼리 바꾸어 친구와 이야기해 보세요.
Have a talk with your friend by switching the same colors based on the previous conversation.

새 어휘 및 표현 Words and Expressions

부모님 parents 별미 delicacy 조금 a little, a few 그런데 by the way 꼭 definitely 체험 experience 전복 abalone 옥돔 rock bream

듣기 Listening

01 대화를 듣고 알맞은 그림을 모두 찾으세요.
Listen to the conversation and choose all the correct pictures. 089

1) ①  ② 

③ 

2) ①  ② 

③ 

3) ①  ②  ③ 

02 대화를 듣고 질문에 답하세요.
Listen to the conversation and answer the questions. 090

1) 샤르마 씨는 무슨 유튜브를 만들 거예요? 맞는 것을 고르세요.
What kind of YouTube videos will Sharma create? Choose the correct one.

① 한국 생활 ② 대학 생활 ③ 한국 요리 ④ 고향 요리

2) 다음을 읽고 맞는 것을 고르세요.
Choose the correct statement.

① 남자는 유튜브를 시작했어요.

② 여자는 음식에 관심이 없어요.

③ 남자는 한국 음식을 좋아해요.

④ 여자는 맛집에 찾아갈 거예요.

새 어휘 및 표현 Words and Expressions

크리스마스트리 Christmas tree 무슨 what kind of, which 관심 interest 많다 a lot 소개하다 to introduce 그럼요. Sure, Of course. 찾아가다 to visit

읽기 Reading

여행일정표를 읽고 질문에 답하세요.

Read the following travel itinerary and answer the questions.

부산 ↔ 서울 1박 2일

- 출발 1(KTX): 부산, 8월 1일 07:00 → 도착 1: 서울, 8월 1일 09:43
- 출발 2(KTX): 서울, 8월 2일 19:57 → 도착 2: 부산, 8월 2일 22:37

*8월 1일(월요일)

10:30 ~ 11:00	11:00 ~ 12:30	12:30 ~ 14:00	14:00 ~ 16:00	16:00 ~ 18:00	18:00 ~ 21:00
인사동 (Insa-dong) 호텔 체크인	인사동 (Insa-dong) 한정식 맛집, 점심	명동 (Myeong-dong) 쇼핑	경복궁 (Gyeongbok-gung Palace) 구경, 한복 체험	남산 (Namsan Mountain) 서울타워 전망대	홍대 (Hongdae) 삼겹살 맛집, 저녁

*8월 2일(화요일)

07:30 ~ 09:00	09:00 ~ 12:00	12:00 ~ 13:30	13:30 ~ 15:00	15:00 ~ 17:00
인사동 (Insa-dong) 호텔 체크아웃, 커피숍, 아침	북촌한옥마을 (Bukchon Hanok Village) 구경, 사진	남대문 시장 (Namdaemun Market) 생선구이 맛집, 점심	남대문 시장 (Namdaemun Market) 기념품	청계천 (Cheonggyecheon Stream) 구경, 산책

01 다음을 읽고 빈칸에 알맞은 말을 쓰세요.
Read the following and fill in the blanks.

1) 이 사람은 ______________ 여행할 거예요.

2) 이 사람은 8월 1일에 경복궁을 ______________, 홍대에서 저녁을 ______________.

3) 이 사람은 8월 2일에 남대문 시장에서 생선구이를 ______________, 기념품을 ______________.

02 다음을 읽고 맞는 것에 'O', 틀린 것에 'X' 표시하세요.
Read the following sentences and mark 'O' if the statement is true and 'X' if it is false.

1) 호텔은 인사동에 있어요. ( )

2) 월요일과 화요일에 쇼핑할 거예요. ( )

3) 8월 1일 아침에 부산에 도착할 거예요. ( )

4) 8월 2일에 호텔에서 아침을 먹을 거예요. ( )

새 어휘 및 표현 Words and Expressions

1박 2일 1 night 2 days 출발 departure 도착 arrival 체크인 check-in 한정식 Hanjeongsik(Korean Set Table)
한복 Hanbok(traditional Korean costume) 서울타워 Seoul Tower 전망대 observatory 체크아웃 check-out
생선구이 grilled fish 산책 walk, stroll

쓰기 Writing

01 177쪽의 어휘와 아래 문법을 사용하여 문장을 만들어 보세요.
Write a sentence based on the words of 'Vocabulary Check' in page 177 and the following 'Grammar.'

문법 Grammars		
	· V-(으)ㄹ 거예요.(계획)	· V-고 싶어요.
	· V/A-지만	· V/A-고(나열)

1) ....

2) ....

3) ....

4) ....

02 보기 와 같이 여행 계획을 쓰세요.
Write a travel plan as shown in the following 보기 .

보기
저는 나중에 프랑스 파리에 갈 거예요.
프랑스 비행기 표가 좀 비싸지만 꼭 가고 싶어요.
파리에서 에펠탑을 구경하고 사진을 찍고 싶어요.
그리고 와인하고 치즈를 같이 먹고 싶어요.
프랑스 와인이 아주 유명해요.
그래서 꼭 마시고 싶어요.

새 어휘 및 표현 Words and Expressions

나중에 later on 파리 Paris 에펠탑 Eiffel Tower 와인 wine

너랑 나랑 Talk Talk

다음 대화를 제시된 문법의 색깔에 맞춰 한국어로 바꿔 쓰세요.

Translate the following English conversation into Korean based on the colored patterns in the box.

V-(으)ㄹ 거예요.(계획)	V-고 싶어요.	V/A-지만	V/A-고(나열)

Kana, what are you going to do during the vacation?

카나 씨, 방학에 뭐 할 거예요?

I'm going to Jeju Island. What about you, Jack?

I will be preparing for getting a job in Korea.

Oh, that would be tough. Are you going to have a job interview as well?

I want to. But I'm not sure yet. What are you going to do in Jeju Island, Kana?

I'm going to travel with my parents. We will eat Jeju food and also go hiking at Hallasan Mountain.

Wow, that would be great! Jeju food is very tasty. Jeju black pork belly is delicacy.

Oh, is it? Is Jeju black pork belly expensive?

Yes, it's a little expensive, but I recommend it. It tastes really good.
By the way, are you really going to hike at Hallasan Mountain? It's very tough.

Yes, hiking is difficult but I definitely want to do it.

어휘 확인 Vocabulary check

14과

- ☐ 여행하다 to travel
- ☐ 운전면허증을 따다 to get a driver's license
- ☐ 유튜브를 시작하다 to start the YouTube videos
- ☐ 외국어를 공부하다 to study a foreign language
- ☐ 자격증을 따다 to get a certification
- ☐ 살을 빼다/다이어트하다 to lose one's weight
- ☐ 공연을 보다 to see a performance
- ☐ 축제에 가다 to go to a festival
- ☐ 면접을 보다 to have a job interview
- ☐ 취업준비를 하다 to prepare for getting a job
- ☐ 요리를 배우다 to learn cooking
- ☐ 공모전을 준비하다 to prepare for a contest
- ☐ 박물관에 가다 to go to a museum
- ☐ 전시회에 가다 to go to an exhibition
- ☐ 일하다 to work

15과

- ☐ 수영하다 to swim
- ☐ 스노클링하다 to snorkel
- ☐ 서핑하다 to surf
- ☐ 등산하다 to hike
- ☐ 구경하다 to look around
- ☐ 사진을 찍다 to take a photo
- ☐ 관광지를 방문하다 to visit a tourist spot
- ☐ 숙소를 예약하다 to book an accommodation
- ☐ 비행기 표를 예매하다 to book a flight ticket
- ☐ 맛집을 찾다 to search a good restaurant
- ☐ 해녀 haenyeo(female diver)
- ☐ 돌하르방 dolhareubang(Jeju rock grandfather)
- ☐ 흑돼지 Jeju black pork
- ☐ 한라봉 Hallabong(Jeju orange)
- ☐ 기념품 souvenir

메모

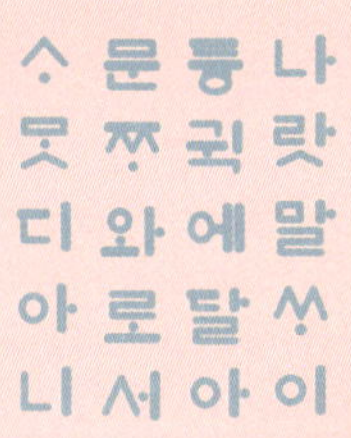
나랏말ᄊᆞ미
듕귁에달아
문ᄍᆞᆼ와로서르
ᄉᆞᄆᆞᆺ디아니ᄒᆞᆯᄊᆡ

이런젼ᄎᆞ로
어린ᄇᆡᆨ셩이
니르고져
홇배이셔

부록
Appendix

듣기 대본

Listening script

2단원 자기소개

듣기 1 (Track 35, page 61)

1) 여자 안녕하세요? 저는 샤르마예요.
저는 네팔 사람이에요.

2) 남자 안녕하세요? 저는 잭이에요. 저는 미국 사람이에요.
만나서 반가워요.

3) 여자 어느 나라 사람이에요?
남자 저는 중국 사람이에요.

듣기 2 (Track 36, page 61)

남자 안녕하세요?
여자 안녕하세요?
남자 저는 이하준이에요. 만나서 반가워요.
여자 만나서 반가워요. 저는 다말이에요.
하준 씨는 어느 나라 사람이에요?
남자 저는 한국 사람이에요.
다말 씨는 어느 나라에서 왔어요?
여자 저는 이집트에서 왔어요.
남자 다말 씨는 전공이 뭐예요?
여자 경영학이에요. 하준 씨도 전공이 경영학이에요?
남자 아니요. 경영학이 아니에요. 한국학이에요.

3단원 위치

듣기 1 (Track 48, page 83)

1) 남자　다말 씨, 지금 어디에 가요?
　여자　학생 식당에 가요.

2) 여자　가브리엘 씨, 어디에 가요?
　남자　운동장에 가요.

3) 남자　유미 씨, 어디에 가요?
　여자　학과사무실에 가요.

듣기 2 (Track 49, page 83)

남자　샤르마 씨, 도서관이 어디에 있어요?
여자　서점 옆에 있어요. 서점 왼쪽이에요.
남자　도서관은 편의점 앞에 있어요?
여자　네. 맞아요.
남자　아, 네. 알겠어요. 커피숍은 어디에 있어요?
여자　학교 정문 오른쪽 건물 안에 있어요.
남자　건물 안에 있어요?
여자　네. 강의실 밑에 있어요.
남자　네. 알겠어요. 고마워요. 저는 지금 동아리방에 가요.
여자　동아리방이 학과사무실 위에 있어요?
남자　아니요. 복사실 위에 있어요.
여자　아, 네. 알겠어요. 고마워요.

4단원 주문

듣기 1 (Track 56, page 105)

1) 여자　물냉면 다섯 개 주세요.

2) 남자　김치찌개 세 개, 제육덮밥 한 개 주세요.

3) 남자　어서 오세요.
　여자　김밥 네 개하고 라면 두 개 주세요.

듣기 2 (Track 57, page 105)

남자　어서 오세요.
여자　커피 네 개하고 치즈케이크 한 개 주세요.
　　　모두 얼마예요?
남자　20,300원이에요.
여자　여기 있어요. 21,000원이에요.
남자　네. 여기 거스름돈 700원이에요.
여자　감사합니다.
남자　안녕히 가세요.

5단원 일상생활

듣기 1 (Track 68, page 127)

1) 남자 아메리카노가 어때요?
여자 차가워요.
2) 여자 한국어 공부가 어때요?
남자 쉬워요. 재미있어요.
3) 남자 치즈케이크가 비싸요?
여자 네, 비싸요.
4) 남자 학교가 멀어요?
여자 아니요, 가까워요.

듣기 2 (Track 69, page 127)

남자 카나 씨는 전공이 뭐예요?
여자 경영학이에요.
남자 경영학 공부가 어때요?
여자 좀 어려워요. 하지만 재미있어요.
무하마드 씨는 전공이 뭐예요?
남자 컴퓨터공학이에요. 저도 전공 공부가 좀 어려워요. 그래서 매일 도서관에서 공부해요.
여자 저는 커피숍에서 공부해요.
학교 커피숍 커피가 진짜 맛있어요. 그리고 싸요.
남자 맞아요. 저도 거기 커피를 자주 마셔요.
다음에 같이 커피 한잔 마셔요.
여자 네, 좋아요.

6단원 학교생활

듣기 1 (Track 77, page 150)

1) 남자 방학이 몇 월이에요?
여자 6월이에요.
2) 여자 시험이 며칠이에요?
남자 24일이에요.
3) 여자 언제 아르바이트했어요?
남자 수요일에 했어요.

듣기 2 (Track 78, page 150)

남자 프엉 씨, 주말에 뭐 했어요?
여자 친구하고 영화를 봤어요. 마카우 씨는요?
남자 저는 동아리방에 갔어요
여자 그래요? 거기에서 뭐 했어요?
남자 축제 준비를 했어요.
동아리 친구하고 초대장을 만들었어요.
여자 아, 그래요? 축제가 언제예요?
남자 다음 주 목요일하고 금요일이에요. 프엉 씨도 오세요.
여자 네, 좋아요.

7단원 계획

듣기 1 (Track 89, page 173)

1) 남자 유미 씨, 여름방학에 뭐 할 거예요?
여자 외국어를 공부하고 운전면허증도 딸 거예요.

2) 여자 하오란 씨, 추석에 뭐 할 거예요?
남자 가족하고 추석 음식을 먹고 여행 갈 거예요.

3) 남자 카나 씨, 크리스마스에 뭐 할 거예요?
여자 친구하고 크리스마스트리를 보고 케이크도 먹을 거예요.

듣기 2 (Track 90, page 173)

남자 샤르마 씨, 겨울방학에 뭐 할 거예요?
여자 유튜브를 시작할 거예요.
남자 와, 정말요? 무슨 유튜브예요?
여자 요리 유튜브예요. 제가 요리에 관심이 많아요.
남자 와, 대단해요. 무슨 음식에 관심이 많아요?
여자 한국 음식을 좋아해요.
그래서 한국 음식을 소개할 거예요.
남자 샤르마 씨가 음식도 만들어요?
여자 그럼요. 음식도 만들고 맛집도 방문할 거예요.

정답

Answer

1단원 한글

1과 한글 I

모음 1

3)

① ☑ 아 □ 어 ② ☑ 오 □ 으

③ □ 으 ☑ 이 ④ ☑ 어 □ 오

⑤ ☑ 우 □ 오 ⑥ □ 아 ☑ 애

자음 1

3)

① □ 가 ☑ 다 ② ☑ 래 □ 내

③ ☑ 노 □ 도 ④ □ 부 ☑ 구

⑤ ☑ 으 □ 흐 ⑥ ☑ 사 □ 자

2과 한글 II

모음 2

3)

① ☑ 야 □ 여 ② □ 애 ☑ 예

③ ☑ 요 □ 유 ④ ☑ 여 □ 요

⑤ □ 요리 ☑ 유리 ⑥ ☑ 여자 □ 유자

모음 3

3)

① ☑ 와 □ 왜 ② ☑ 위 □ 외

③ ☑ 우 □ 위 ④ □ 워 ☑ 의

⑤ □ 이치 ☑ 위치 ⑥ ☑ 애국 □ 외국

자음 2

3)

① □ 고 ☑ 코 ② □ 차 ☑ 짜

③ ☑ 따 □ 타 ④ ☑ 토끼 □ 도끼

⑤ □ 포도 ☑ 보도 ⑥ □ 카드 ☑ 카트

받침 1

3)

① □ 삼 ☑ 산 □ 상 ② □ 낮 □ 난 ☑ 낙

③ ☑ 밥 □ 밖 □ 방 ④ ☑ 사전 □ 사정

⑤ □ 지갑 ☑ 지각 ⑥ □ 가방 ☑ 가발

3과 한글 III

종합연습

1.

① ☐ 오리 ☑ 우리 ② ☐ 나무 ☑ 너무

③ ☑ 거미 ☐ 개미 ④ ☑ 고리 ☐ 꼬리

⑤ ☐ 의자 ☑ 의사 ⑥ ☑ 사랑 ☐ 사람

2.

① ☐ 불 ☑ 풀 ☐ 뿔 ② ☑ 공 ☐ 콩 ☐ 꽁

③ ☐ 방 ☐ 팡 ☑ 빵 ④ ☐ 간 ☐ 깐 ☑ 칸

⑤ ☑ 달 ☐ 탈 ☐ 딸 ⑥ ☐ 살 ☑ 쌀 ☐ 잘

3.

나	밑	머	아	니	레	의	무
사	빗	가	돼	빠	신	자	모
랑	어	방	미	여	름	국	딸
지	부	엌	문	부	몬	빵	기

4. ① 여 ② 끼 ③ 의 ④ 카, 라 ⑤ 웨, 터 ⑥ 버, 지

5. 1) ① 2) ② 3) ②

2단원 자기소개

4과 저는 한국 사람이에요.

문법 1

연습 1.

1) 은, 이에요 2) 는, 이에요 3) 는, 이에요 4) 은, 이에요

문법 2

연습 1.

1) 가: 은, 이에요, 나: 는, 이에요 2) 가: 는, 이에요, 나: 는, 이에요

5과 전공이 뭐예요?

문법1

연습1. 1) 이 2) 이 3) 이 4) 가

문법2

연습1. 1) 가 아니에요 2) 이 아니에요

듣기

1. 1) ③ 2) ② 3) ①

2. 1) 이하준, 한국, 한국학 2) 다말, 이집트, 경영학

읽기

1. 1) ② 2) ①

2. 1) O 2) X 3) O

너랑 나랑 Talk Talk

유미　안녕하세요? 저는 유미예요.
마카우　안녕하세요? 저는 마카우예요.
유미　마카우 씨는 어느 나라 사람이에요?
마카우　저는 케냐 사람이에요.
　유미 씨는 어느 나라 사람이에요?
유미　저는 한국 사람이에요. 마카우 씨 전공이 뭐예요?
마카우　제 전공은 사회복지학이에요.
　유미 씨 전공도 사회복지학이에요?
유미　아니요. 제 전공은 사회복지학이 아니에요.
　정치외교학이에요.
마카우　만나서 반가워요.
유미　저도 만나서 반가워요. 안녕히 가세요.
마카우　안녕히 가세요.

3단원 위치

6과 도서관에 가요.

문법 1

연습 1. 1) 가: 와요, 나: 가요 2) 가: 가요, 나: 가요

문법 2

연습 1. 1) 저기 2) 여기 3) 거기

7과 학생 식당은 동아리방 옆에 있어요.

문법 1

연습 1. 1) 뒤 2) 오른쪽 3) 밖

문법 2

연습 1. 1) 없어요 2) 있어요 3) 있어요 4) 없어요

듣기

1. 1) ② 2) ③ 3) ①
2. 1) 도서관 2) 동아리방 3) 커피숍

읽기

1. 1) 도서관에 가요. 2) 저기에 있어요.
   3) 학과사무실이에요. 4) 아니요, 없어요.
2. 1) X 2) O 3) O

너랑 나랑 Talk Talk

하준 카나 씨, 여기는 어디예요?

카나 여기는 대학 본부예요.

하준 저기는 어디예요?

카나 저기는 도서관이에요. 저는 지금 도서관에 가요.
하준 씨는 어디에 가요?

하준 저도 도서관에 가요.

카나 그럼 같이 가요.

하준 네, 좋아요. 카나 씨, 도서관에 복사실이 있어요?

카나 아니요. 없어요. 복사실은 도서관 밖에 있어요.

하준 아, 네. 알겠어요. 고마워요.

카나 아니에요.

4단원 주문

8과 비빔밥 한 개 주세요.

문법 2

연습 1. 1) 3-1-2-4 2) 2-1-4-3

9과 커피는 2,300원이에요.

문법 2

연습 1. 1) 과자하고 초콜릿 2) 휴지하고 우유
3) 교통카드하고 담배

듣기

1. 1) ① 2) ③ 3) ②
2. 1) ③ 2) ②

읽기

1. 1) ② 2) ④
2. 1) O 2) X 3) O

쓰기 2

빵은 천 원이에요.
샌드위치는 이천육백 원이에요.
햄버거는 삼천사백 원이에요.

너랑 나랑 Talk Talk

〈식당에서〉

직원　어서 오세요.

다말　비빔밥 한 개하고 된장찌개 두 개 주세요.

직원　네. 알겠어요.

다말　저기요. 물도 주세요.

직원　네. 여기 있어요.

〈식사 후〉

다말　모두 얼마예요?

직원　19,500원이에요.

다말　20,000원 여기 있어요.

직원　여기 거스름돈 500원이에요.

다말　감사합니다.

직원　네, 감사합니다.

5단원 일상생활

10과 편의점에서 우유를 사요.

문법 1

연습 1. 1) 봐요 2) 사요 3) 만나요 4) 먹어요 5) 줘요
6) 마셔요 7) 공부해요 8) 운동해요 9) 노래해요

문법 2

연습 1. 1) 에 2) 에서 3) 에 4) 에서

11과 아르바이트가 힘들어요.

문법 1

연습 1. 1) 가 멀어요 2) 이 비싸요 3) 가 맛없어요

문법 2

연습 1. 1) 차가워요 2) 어려워요 3) 쉬워요 4) 매워요
5) 가까워요 6) 귀여워요

듣기

1. 1) ② 2) ① 3) ② 4) ②
2. 1) 남자: ②, 여자: ③
2) 진짜 맛있어요. 싸요.

읽기

1. 1) ② 2) ③ 3) ①
2. 1) X 2) X 3) X 4) O

너랑 나랑 Talk Talk

〈전화 통화 중〉

샤르마 가브리엘 씨, 지금 뭐 해요?

가브리엘 커피숍에서 커피를 마셔요. 그리고 책을 읽어요.
샤르마 씨는 지금 뭐 해요? 같이 커피를 마셔요.

샤르마 네, 좋아요.

〈잠시 후, 커피숍에서〉

가브리엘 샤르마 씨, 한국 생활이 어때요?

샤르마 힘들어요. 하지만 재미있어요.

가브리엘 아르바이트도 해요?

샤르마 네. 편의점에서 아르바이트해요.

가브리엘 아르바이트는 어때요?

샤르마 좋아요. 사장님이 친절해요.
가브리엘 씨, 한국어 공부가 어때요?

가브리엘 한국말이 어려워요.

6단원 학교생활

12과 여름방학이 언제예요?

문법 1

연습 1. 1) 십이, 이십오 2) 구, 일 3) 십일, 십오

문법 2

연습 1. 1) 에, 친구를 만나요 2) 에, 케이크를 먹어요.
3) 에 책을 읽어요.

13과 어제 시험을 쳤어요.

문법 1

연습 1. 1) 왔어요 2) 받았어요 3) 작았어요 4) 비쌌어요
5) 공부했어요 6) 이야기했어요 7) 깨끗했어요
8) 유명했어요 9) 줬어요 10) 읽었어요 11) 힘들었어요
12) 재미있었어요 13) 매웠어요 14) 귀여웠어요
15) 가까웠어요 16) 어려웠어요

문법 2

연습 1. 1) 안 읽어요. 2) 안 해요. 3) 안 깨끗해요. 4) 맛없어요.

듣기

1. 1) ② 2) ③ 3) ②
2. 1) ③ 2) ②, ③

읽기

1. 1) ③ 2) ①
2. 1) O 2) X 3) X

너랑 나랑 Talk Talk

하오란 샤르마 씨, 기말고사를 쳤어요?

샤르마 네, 지난주 화요일에 쳤어요. 시험이 어땠어요?

하오란 안 어려웠어요. 샤르마 씨도 기말고사를 쳤어요?

샤르마 네. 저도 시험이 쉬웠어요.

하오란 지난 학기 '한국어 1' 성적이 어땠어요?

샤르마 A+ 받았어요. 하오란 씨는요?

하오란 저도요.

샤르마 하오란 씨, 방학이 언제예요?

하오란 6월 24일부터 8월까지예요

샤르마 아, 알겠어요.

7단원 계획

14과 방학에 여행할 거예요.

문법 1

연습 1. 1) 읽을 거예요 2) 빨 거예요 3) 볼 거예요

문법 2

연습 1. 1) 받고 싶어요 2) 따고 싶어요 3) 일하고 싶어요

15과 제주도에 가고 싶지만 좀 비싸요.

문법 1

연습 1. 1) 하지만, 예약하고 싶었지만 2) 하지만, 어렵지만

문법 2

연습 1. 1) 그리고, 먹고 2) 그리고, 뜨겁고

듣기

1. 1) ①, ② 2) ①, ③ 3) ②, ③

2. 1) ③ 2) ④

읽기

1. 1) 서울에서 2) 구경하고, 먹을 거예요 3) 먹고, 살 거예요

2. 1) O 2) O 3) X 4) X

너랑 나랑 Talk Talk

잭 카나 씨, 방학에 뭐 할 거예요?

카나 제주도에 갈 거예요. 잭 씨는요?

잭 저는 한국에서 취업준비를 할 거예요.

카나 아, 힘들겠어요. 면접도 볼 거예요?

잭 면접도 보고 싶어요. 하지만 아직 모르겠어요.
카나 씨는 제주도에서 뭐 할 거예요?

카나 부모님하고 여행할 거예요.
제주도 음식도 먹고 한라산 등산도 할 거예요.

잭 와, 좋겠어요. 제주도 음식이 아주 맛있어요.
흑돼지 삼겹살이 별미예요.

카나 아, 그래요? 흑돼지 삼겹살이 비싸요?

잭 네, 조금 비싸지만 추천해요. 정말 맛이 좋아요.
그런데 한라산 등산을 진짜 할 거예요? 아주 힘들어요.

카나 네, 등산이 힘들지만 꼭 하고 싶어요.

어휘 색인

Glossary

1+1	buy one, get one free	104쪽
1박 2일	1 night 2 days	175쪽
N만	only N	140쪽
N에서	from (a place)	61쪽

ㄱ

가족	family	163쪽
가지고 오세요.	Please bring it with you.	104쪽
같이	together	75쪽
거스름돈	change(as in money)	105쪽
건물	building	82쪽
경복궁	Gyeongbokgung Palace	165쪽
고양이	cat	125쪽
관심	interest	173쪽
괜찮다	okay, alright	148쪽
교수님	professor	48쪽
그냥	just	118쪽
그래서	so, therefore	126쪽
그런데	by the way	172쪽
그럼요.	Sure, Of course.	173쪽
그럼	then	75쪽
그렇군요.	I see.	140쪽
기다리세요.	Please wait.	94쪽
깨끗하다	clean	145쪽
꼭	definitely	172쪽

ㄴ

나라	country	50쪽
나중에	later on	176쪽
너무	very	148쪽
네	yes	70쪽

ㄷ

다음에	next time	127쪽
대단해요.	That's impressive.	148쪽
대학교	university	62쪽
대학생	university student	48쪽
더	more	104쪽
도착	arrival	175쪽
돈	money	115쪽
돌아가다	to return	164쪽

ㅁ

만들다	to make	150쪽
많다	a lot	173쪽

맞아요.	You're right.	83쪽
매일	everyday	127쪽
맥주	beer	97쪽
모두	all, together	104쪽
무슨	what kind of, which	173쪽
물	water	96쪽

ㅂ

바나나우유	banana milk	93쪽
바다	sea	171쪽
반찬	side dish	97쪽
방	room	169쪽
별미	delicacy	172쪽
복사실	copy room	82쪽
부모님	parents	172쪽
부산	Busan	84쪽

ㅅ

사마르칸트	Samarkand	164쪽
사장님	boss, owner	126쪽
산책	walk, stroll	175쪽
삼각김밥	Samgak gimbap	93쪽
생선구이	grilled fish	175쪽
생일	birthday	163쪽
생활	life	126쪽
서울타워	Seoul Tower	175쪽
소개하다	to introduce	173쪽
수업	class	151쪽
시장	traditional market	171쪽
시험	test, exam	144쪽

ㅇ

아니요	no	58쪽
아름답다	beautiful	164쪽
아직	yet	148쪽
어느	which	50쪽
어제	yesterday	144쪽
에펠탑	Eiffel Tower	176쪽
연습하다	to practice	126쪽
연휴	holidays	151쪽
열심히	hard	140쪽
영화	movie	128쪽
오늘	today	128쪽
옥돔	rock bream	172쪽
와	Wow	128쪽
와인	wine	176쪽
왔어요	came	61쪽
외국	foreign country	126쪽
요일	day of the week	138쪽
유명하다	famous	145쪽
유학	studying abroad	126쪽
이름	name	56쪽
일본어	Japanese	147쪽

ㅈ

자주	often	127쪽
작다	small	145쪽
잠시만	for a moment	94쪽
저	I, me	48쪽
전망대	observatory	175쪽
전복	abalone	172쪽
전화번호	phone number	56쪽
점심	lunch	162쪽
제주도	Jeju Island	139쪽
조금	a little. a few	172쪽
좋겠어요.	That would be great.	128쪽
주말	weekend	138쪽

저자 약력

손현미 Son Hyunmee

부산대학교 외국어로서의 한국어교육학 박사
동서대학교 International College 초빙 교수
경북대학교, 국립부경대학교 강사
- 날마다 한국어 초급 2, 중급 1 공저

김남정 Kim Namjung

부산대학교 외국어로서의 한국어교육학 박사
동서대학교 International College 초빙 교수
경성대학교, 울산대학교 강사
- 날마다 한국어 초급 2, 중급 1 공저
- 랑스한국어 5A, 5B, 6A, 6B 공저
- 친절한 한국어 6 공저

제2판
날마다 한국어 초급 1

초판발행 2024년 2월 20일
제2판발행 2026년 2월 28일

지은이 손현미·김남정
펴낸이 안종만·안상준

편 집 조영은
기획/마케팅 박부하
디자인 Ben Story
제 작 고철민·김원표

펴낸곳 (주) 박영사
서울특별시 금천구 가산디지털2로 53, 210호(가산동, 한라시그마밸리)
등록 1959.3.11. 제300-1959-1호(倫)
전 화 02)733-6771
f a x 02)736-4818
e-mail pys@pybook.co.kr
homepage www.pybook.co.kr
ISBN 979-11-303-9796-2 03710

정 가 22,000원